大前研一通信・特別保存版 Part. VIII

0歳からシニアまで自ら考え、
生き抜くための教育とは

グローバルに通用する異能を開花する

大前 研一
ビジネス・ブレークスルー出版事務局
編著

ビジネス・ブレークスルー出版

まえがき──いまなぜ「異能」が求められるのか

「アメリカにはプレップスクールという、日本語に訳すと予備校だが、中高一貫教育を行う七年コースの私立高校があり、まったく自由気ままな教育を行っている。＜中略＞先生は「あなたは絶対にできるんだ。社会に出ても成功する」といって教育している。「おまえは何やってんだ」「何を間違えているんだ」と、いかにダメか、なぜダメか、と落後者ばかりつくっている日本とは大違いで、あなたはいかに社会に貢献できるか、なぜ世界のリーダーになれるか、能力を磨けば自分を伸ばせば社会に貢献できる人間になれると、会話の九九％は子供のいい面をいかに引き出すかに終始している。 時代の求める多様な人材が次々と生まれているのも当然ではないか。」（プレジデント 1995 年 5 月号 本文より）

Google の共同創立者（ラリー・ペイジ、サーゲイ・ブリン）、Amazon.com（ジェフ・ベゾス）、Facebook（マーク・ザッカーバーグ）、Microsoft（ビル・ゲイツ）などの「異能」の創立者を発掘、輩出しているアメリカ。そのアメリカと日本の学校教育を比較し、日本の教育制度の欠陥と、その問題点の本質を既に約 20 年前（1995 年）に喝破していた大前研一は、6 年後の 2001 年に豪州ボンド大学と提携し、海外 MBA の取得が可能な BOND-BBT MBA（ボンド大学大学院）を、10 年後の 2005 年には、本邦初の遠隔教育法による MBA プログラムを開校したビジネス・ブレークスルー（以下、BBT）大学大学院を、また、15 年後の 2010 年には BBT 大学を開校して学長に就任、2013 年には、アオバジャパン・インターナショナルスクール（AJIS）の経営にも参画することで、幼少期からシニアまで、自ら考え、生き抜くための三世代に渡る教育プログラムを提供する BBT を経営する教育者として、今から

8年前にも既に21世紀に向けての日本の教育制度に対しての危機感に関し、こうも述べています。

「これまでの日本は平均的で質のよい人材を育ててきた。これまでの大量生産時代はそれでもよかったのである。ところがこれからのネットワーク社会で求められるのは、突出した個人である。日本が今のような生活レベルを維持したいのであれば、世界レベルのリーダーになれる人材を養成していかなくてはいけない。ところがそういう人材をどうやれば育てることができるのかという議論がまったくないのが日本なのだ。」(「産業突然死時代の人生論」http://www.nikkeibp.co.jp/sj/2/column/a/64/：nikkei BP net 2007/1/24 日経BP社より)

この書籍シリーズの元になっている会員制月刊情報誌「大前研一通信」には、「思い出の論文」として、過去の大前研一の記事を紹介するコーナーがありますが、以前の記事と現在、社会で起こっている様々な事象との比較をした際、既に大前研一が、その問題の本質を過去、適格に捉えて未来を予見し、提言していることに驚かされ、また、その情熱と主張の一貫性に対し、ぶれない信念を感じる人も多いのではないでしょうか。

今回で第8弾となる「大前研一通信」特別保存版のこの書籍の第1章：〈Forces at Work － 30年後の未来から今を考える〉と第2章：〈企業と学校の現場でおきている課題〉では、日本人やその教育制度に対して大前研一が、20年前に既に「異能教育の必要性」を洞察していた記事の他、現在の日本社会が置かれている状況を含め、今から30年後の世界、日本経済の動きを俯瞰して解説、現在の企業経営と学校教育の抱える課題も分析し、今後の日本（人）は、どのような方向に進むべきかという指針を示します。第3章では、今や世界の約150か国でプログラ

ムが導入され、国内でもその導入を政府が推進しようとしていることで注目を浴び始めている国際バカロレア（IB）のプログラムの概要を、国内外の専門家の寄稿も取り上げてご紹介し、続く第4章で、グローバルマインド、教養力、議論する力、英語力、スピーチ力などの〈21世紀の日本人ビジネスパーソンに必要な能力〉を具体的に解説、最後の第5章では、eラーニングアワード2014受賞（厚生労働大臣賞）フォーラムでのBBT大学大前学長と経営学部学部長の講演録や、BBTで実践している教育プログラムの一部を、〈BBTで実践するテクノロジーを活用した異能教育〉と題してご紹介しています。これからの答えのないと言われる社会でも、グローバルに通用する「異能」を開眼、開花させるための羅針盤として、この書籍を手に取った貴方自身が、廻りが、我が子が、学ぶべき必要なこととは何かを提言します。

　今回は、更に9000時間を超える質・量ともに日本で最も充実したビジネス映像コンテンツを保有し、最新のコンテンツを制作し続ける「ビジネス・ブレークスルー」が、「読んで」、「見て」、「身につける」というコンセプトのもと、大前研一の秘蔵映像（異能を開花する 編）を収録したDVDも付属しております。

　ぜひ、本書を「読んで」、DVD収録された関連映像と併せて「見て」頂くことで、あなたの異能を開花させ得る一助となれば幸いです。

2015年1月

大前研一通信 / アオバジャパン・インターナショナルスクール　小林 豊司

● グローバルに通用する

「Q：今後の日本に必要で、いま最も不足しているのは、どの様な人材でしょうか？

A：私の答えは「異才」である。それも、この答えなき世界で答えを見つけられる"考える力"を持った「異才」である。ユニークな人材と言ってもいい。「答え」のない世界で解を見出せる、突出した発想と能力を持った異色の人材が日本には決定的に不足しているのだ。」
（大前研一『「知の衰退」からいかに脱出するか？』光文社より）

本書は日本の数十年先の未来を展望し、幼児からCEOまでの人材開発について、大前研一の論考を中心に皆さんにご紹介するものです。私は主として第3章の、幼児から18歳までの教育について、幼児教育及び国際バカロレアに関する執筆・編集にかかわらせて頂きました。改めて本書を読み通してみると、先が見えにくい21世紀において大前研一が上に述べたような「異才（本書では異能と呼んでいますが）」を育む為の方法論は、それが幼児・初等・中等・高等教育であれ、社会人・マネジメント教育であれ、様々な点で類似しているということに気づかされます。

そのキーワードは幾つかありますが、一つここで紹介します。それは、大前研一そして社会人の人材開発を主な業としてきたビジネス・ブレークスルーでも良く用いるLifetime Empowermentという言葉です。日本語にするのが難しい言葉なのですが、「生涯学習と自己啓発」「大人になっても生涯学び続けることを通じ、自分自身にパワーを与え続けていくこと」といった意味合いになります。これは修得すべきスキルというよりは、態度・姿勢の範疇に入りますが、海外においては教育の目的の一つとして非常に重要視され、幼児教育段階からこの概念を意識した教育が設計されているということは大変興味深いと感じます。

本書が読者の皆さん自身、お子さん（もしかするとお孫さんかもしれません）の Lifetime Empowerment のきっかけとなれば幸いです。

2015年1月
　　　アオバジャパン・インターナショナルスクール/JCQ バイリンガル幼児園/ビジネス・ブレークスルー大学　宇野 令一郎

●グローバルに通用する

目次　　　　　　　　　　　　　（◎：DVD に関連映像コンテンツを収録）

まえがき──いまなぜ「異能」が求められるのか　*1*

第1章　Forces at Work ──30 年後の未来から今を考える　*11*

1．異能教育の必要性　*11*
　●高速道路の鹿　*11*
　●異能を発掘するアメリカの教育　*12*
　●「知らない」といえる勇気　*13*

2．日本経済・世界経済はこう動く──この三十年を反省し、新たなる三十年に備えよ！　*15*
　●この三十年の失敗から学ぶべきこと　*15*
　●人口動態だけが唯一信用できる未来予測 ◎　*16*
　●地方創生はまさに「毒まんじゅう」　*17*
　●堅実な米と欧州、中国は一発逆転も!?　*19*
　●あなたは産婦人科で商品を売り込めるか？　*21*

3．日本人が進むべき道とは──「日本のビジネスパーソンよ、和僑として世界にはばたけ」　*24*
　●世界を相手にする「和僑」たちの力強さ　*24*
　●いま、世界で最も優秀な人材とは？　*25*
　●多くの人材を輩出した「出稼ぎ国家」アイルランド　*26*
　●「日本のことが好きな国」の共通点とは？　*28*
　●日本のエネルギー問題を解決する秘策とは？　*29*
　●ボーダレスな世界はすぐそこに来ている　*31*
　●「ボックスの外」に出て考えられる人材になれ！　*32*

第2章　企業と学校の現場でおきている課題　*33*

1. 経営の急速なグローバル化についていけない日本企業　*33*
   ●真面目すぎる日本企業──車座会議とコスト削減では勝ち目はない　*33*
   ●トップは旅に出よ、そしてゼロベースから考えよ　*36*

2. 子に知ってほしい 就職するということ　*39*

3. 「未来の学校づくりに関する調査研究報告書」より　*41*

第3章　0歳から18歳まで、異能を開花するための人材育成　*45*

1. 国際バカロレア──グローバルに通用する教育体系 ◎　*45*
   1) 国際バカロレアとは？　*47*
   2) コラム：私と国際バカロレア──国際バカロレアアジア太平洋地区委員、東京インターナショナルスクール代表、（財）世界で生きる教育推進支援財団理事長　坪谷ニュウエル郁子 氏　*61*
   3) インタビュー：スイス・ベルン国際学校名誉校長　ケビン・ペイジ 氏　*65*
   4) 才能ある生徒の力を引き出す：包括的モデル──アオバジャパン・インターナショナルスクール学園長　ケン・セル 氏　*87*

2. 異能を育む幼少期の教育　*94*
   1) 世界における幼児期の教育　*94*
   2) インタビュー：一般社団法人インターナショナル幼児教育協会 代表理事 前田郁代 氏　*107*
   3) 語学教育は「幼稚園から」が肝心──バイリンガル環境で"頭脳開発" ◎　*115*
   4) 小学校での英語教師の補充が課題 ◎　*117*

●グローバルに通用する

第4章　21世紀の日本人ビジネスパーソンに必要な能力　*120*

1．グローバル教養力　*120*
　●自国のことを外国人にきちんと説明できるのが真の教養人だ！　*120*
　●細かい知識よりも物語として語れ　*122*
　●土曜日を有効に使って話の引き出しを増やせ　*124*
　●西洋文明の原点は ギリシャ哲学にあり　*126*

2．グローバル・マインド
　　──相手の価値観に対する理解がすべてのベースだ！　*127*
　●まずは相手の話をしっかりと聞くこと　*129*
　●「Please＝ていねい表現」というのは間違いである　*130*
　●英語のニュアンスは肌で覚えるしかない　*132*

3．議論する力　*136*
　●「傾聴」「質問」「説明」この三つの力をまず磨け！　*136*
　●「議論を詰める力」が圧倒的に不足している　*137*
　●議論の質を高める「悪魔の主張」とは？　*139*

4．結果を出せる英語力
　　──英語をマスターすればあなたの未来は確実に変わる！　*141*
　●「英語で仕事ができる人」が世界中で爆発的に増加した　*141*
　●受動的な勉強法では英語は絶対身につかず　*143*
　●まずは徹底的にヒアリングをせよ　*145*
　●英語の勉強がなぜか長続きしない理由　*147*

5．感動させるスピーチ力　*148*
　●論理の飛躍や矛盾を海外の聴衆は見逃さず　*148*
　●YouTubeなどで名演説を観て学べ　*150*

異能を開花する

第5章　BBTで実践するテクノロジーを活用した異能教育　*153*

1. 「育成の法則」　BBT大学学長　大前研一 ◎ *153*

2. "eラーニングで上場＆大学院開学10周年" 1歳半から社長までの生涯教育＆三世代教育をeラーニングで実現していく──ビジネス・ブレークスルー大学 経営学部学部長　宇田左近 氏 ◎ *172*

3. コラム：ビジネス・ブレークスルー（BBT）における教育 ◎ *190*
   - ビジネス・ブレークスルー（BBT）大学・大学院 ◎ *190*
   - Bond-BBT MBAプログラム──日本人ビジネスパーソンが世界と渡り合うための力、「異能」を鍛える場 ◎ *192*
   - 問題解決力トレーニングプログラム ◎ *195*
   - リーダーシップ・アクションプログラム──大前研一監修による、時代に求められる真のリーダー育成プログラム ◎ *197*
   - 資産形成力養成講座　*199*

あとがき　*202*

●グローバルに通用する

◎ DVD 収録映像コンテンツ

大前研一　秘蔵映像
　～「異能を開花する」編～（約 90 分）
　通信特別保存版 Part. VIII

第 1 章　Forces at Work ── 30 年後の未来から今を考える
　①新たなる 30 年に備えよ！今後 30 年の人口減少と高齢化（大前ライブ 728：2014/5/11）

第 3 章　0 歳から 18 歳まで、異能を開花するための人材育成
　②国際バカロレア（大前ライブ 733：2014/6/15）
　③ 21 世紀型、グローバルに通用する異能を育てるには－ 0 歳から大人まで－（大前ライブ 744：2014/9/14）
　④グローバル人材育成の第一歩に（大前ライブ 679：2013/4/21）

第 5 章　BBT で実践するテクノロジーを活用した異能教育
　⑤育成の法則（e-Learning Awards 2014 フォーラム基調講演：2014/11/14）（大前研一スペシャル 42）
　⑥ E-learning Awards 2014（BBT 大学紹介）
　⑦エアキャンパス紹介（集団 IQ を高める学習：BBT 大学大学院）
　⑧ 10 Reasons Why Bond Business（BOND-BBT MBA プログラム）
　⑨問題解決力トレーニングプログラム
　⑩リーダーシップ・アクションプログラム
　⑪世界的な視座を持った新しい時代に活躍する人材を育てる（アオバジャパン・インターナショナルスクール）

第1章　Forces at Work ─── 30年後の未来から今を考える

1. 異能教育の必要性

◉高速道路の鹿

　日本の教育の利点は、ある目標に向かっているときは非常に能力を発揮する人間を大勢つくり出してきたことだが、アメリカは、あーでもないこーでもないと理屈ばかりこねるやつがいて目標への足並みが揃わない。一向にスピードも上がらない。その代わり新たな局面に遭遇するとやたらと力を振るうやつが出てくる。根本に戻ることを恐れずに直面する問題をどのように解決すれば良いのかという発想がある。ところが日本人は、そういう局面に出合うと対処できない。

　高速道路の鹿というのは、よく車にひかれる。鹿はとても足の速い動

●グローバルに通用する

　物で車にひかれるわけはないのだが、なぜかひかれてしまう。高速道路に入り込んだ鹿は、ものすごいスピードで走ってくる車を見ると一瞬足がすくんでしまう。そして次の動作は、その車を目がけて飛び込んでしまう。横へ逃げればいいものを車を目がけて飛び込んでしまう。

　日本人は、まさに高速道路の鹿みたいで新たな状況に対し、どのように対処すればいいのかという判断力が欠如している。つまり答えが見えていることには全力を尽くせるが、答えのない世界ではどうやって処理すればいいのか緊急時に判断ができない。
　これこそが入試制度の弊害ではないかと思う。
　高校までの勉強は、受験のための勉強になっており、周期律表を丸暗記したり歴史の年表を覚えたりと、答えを覚え吐き出す訓練ばかり受け、そもそもはと考える知恵、ゼロベースで発想できる能力の育成を置き去りにしてきている。
　日本にはエデュケーションがなくトレーニングしかないといわれるが、確かにそうで、日本人を非常に均質化し高度に作業のできる人間を大量につくり大量生産時代に合致した、いわば高度成長経済を達成するためには非常に意味のある教育だった。
　しかしボーダーレスの時代を迎え、世界を相手にした答えのないビジネスの発想を求められるようになるとお手上げで、高速道路の鹿みたいに悪いほうへ突っ込んでしまう。

●異能を発掘するアメリカの教育

　アメリカにはプレップスクールという、日本語に訳すと予備校だが、中高一貫教育を行う七年コースの私立高校があり、まったく自由気ままな教育を行っている。
　あるプレップスクールは宇宙飛行士の志望者ばかり集めている。男も女もいて、高校時代にパイロットの免許が取得できるなど突出した教育

を行っている。アストロノーツ・フォースといってＮＡＳＡの訓練を受けている。そういう連中がMITなどに進学しさらに航空工学の勉強を深めるという人が大勢いる。

またインターネットで全クラスが寮まで含めてネットワークされていたり、国際的な広がりを持ったスクール色を出し外国人を積極的に受け入れているプレップスクールがあれば、一切を拒否し中世風のリベラル・アーツだけでやっている学校もある。

それらの学校では、日本とは逆に親が学校の先生を面接する。「学校の方針は？」「卒業生の進路は？」「その卒業生に会わせてください」……。すると先生はあらゆる資料を持ってきて「うちの学校はこうです」「クラスを見ていってください」「こういう生徒がいますから会ってみてください」とアレンジしてくれる。それも全部親のスケジュールに合わせてくれる。

ここまでサービスする学校は、いったいどんな生徒を求めているのか。

特徴のある、リーダーシップのとれる、一つのことに秀でた、そんな生徒を求めているという。できる子なんて返事はどこにもない。

生徒と話し合っているビデオを見せられたが、先生は「あなたは絶対にできるんだ。社会に出ても成功する」といって教育している。「おまえは何やってんだ」「何を間違えているんだ」と、いかにダメか、なぜダメか、と落後者ばかりつくっている日本とは大違いで、あなたはいかに社会に貢献できるか、なぜ世界のリーダーになれるか、能力を磨けば自分を伸ばせば社会に貢献できる人間になれると、会話の九九％は子供のいい面をいかに引き出すかに終始している。

時代の求める多様な人材が次々と生まれているのも当然ではないか。

● 「知らない」といえる勇気

私のことを少し言わせてもらう。

私は日本の教育制度の中で結構いい成績の人間だった。しかしMIT

●グローバルに通用する

に留学して考え方がガラッと変わった。

　ＭＩＴの学生は、答えのない問題にぶつかるととても喜び一生懸命に考えている。私はというと、すぐに図書館に行って文献を調べ、答えを見つけようとした。すると教授が「図書館に行くな、ここで一緒に考えよう」という。「俺も答えなんか知らない。だから二人で考えよう。俺たちにこの問題が解けなかったら、世界中で他に分かるやつはいない。解けたら論文を書こう」

　大変なカルチャーショックだった。

　現在の私は、二一世紀の経済社会・ボーダーレスエコノミーのあり方を提唱し実践しようとしているが、学生時代は理工を専攻し経済のケの字も分からない人間だった。その「知らない」ということが、今の私をつくり上げたのである。つまりＭＩＴで教えられた「知らないことは恥ずかしいことではない」ということが原点になっている。

（「大学は21世紀の日本を担うリーダーの育成をできるか」プレジデント1995年5月号より）

2. 日本経済・世界経済はこう動く──この三十年を反省し、新たなる三十年に備えよ！

◉この三十年の失敗から学ぶべきこと

　これからの三十年を読み解くにあたり、まずはこの三十年を振り返ってみたい。この間の日本経済の歩みは、今後を読み解くうえで極めて示唆に富んでいるからだ。

　この三十年を端的に表現すれば、前半の十年はバブルに沸き、後半の二十年はデフレ不況で縮こまっていた時代、ということになるだろう。バブルの頃の日本人は、ジャパン・アズ・ナンバーワンとおだてられ、強い円で海外の不動産を買いまくった。シンクタンクは、日経平均株価は五万円を超える、経済がアメリカを追い抜く日も近いと豪語していた。

　もっとも当時から、論理的に考えればこの景気は明らかにおかしかった。日経平均株価は八千円台まで下がる可能性もある。東京の地価も五分の一でしかるべき。私は当時、そうした分析を発表したが、まったく見向きもされなかった。

　そしてその後、私の指摘どおり株や土地の値段が下がり始めると、今度は「お前があんなことを書くからだ」と、八つ当たりをされる始末。そう、この三十年間、日本人が怠ってきたこと。それは事実を積み重ね、分析し、本質を導き出すという当たり前の態度だ。

　太平洋戦争を例に取るまでもなく、日本人は変なところで楽観的で、将来に対しての見通しが甘いところがある。そして表面の現象だけ見て一喜一憂する。その結果が、アメリカを抜くどころか中国に追い越され、エレクトロニクス分野では韓国と台湾の後塵を拝し、他の新興国にもその地位を脅かされることになったという、今の状況だ。

　次の三十年は、同じ轍を踏んではならない。この三十年を冷静に振り

返り、分析し、これから起こることを理解し、先々の対策を考える。我々は、そのためのターニングポイントに立っているのである。

●人口動態だけが唯一信用できる未来予測◎
（大前ライブ 728：2014/5/11）

とはいえ、これからの三十年は、これまでの三十年以上に大きく変わることは間違いなく、予測は極めて困難だ。しかし、実は未来を極めて正確に予見できる指標が一つだけある。それが「人口動態」だ。各年齢の人口がどれくらいかという、いわゆる「人口ピラミッド」である。今三十歳の人は十年後に四十歳になるわけだから、当然と言えば当然の話だ。

総務省の発表する人口ピラミッドを見ると、恐ろしい現実が浮かび上がってくる。二〇一〇年は六〇～六四歳の人口が最大になっている。これが二〇四〇年は六五～六九歳、さらに二〇五〇年には七五～七九歳へとピークが移動していく。頭だけ大きく胴体が細いイモ虫みたいな形である。つまり、この国は三十年経っても四十年経っても労働人口は増えず、高齢化だけが進んでいく。そのことだけは確実に予見できるのだ。

それを解決するためには、もっと子供を産む社会にすればいい。国もそのために、内閣に少子化対策担当大臣を置いたりしているが、はっきり言って有効な打ち手を採れるとは思えない。

現在の日本の合計特殊出生率は一・七二だが、これを二にしない限り、人口は減る一方だ。軒並み出生率の低い先進国の中で異彩を放っているのが、フランスの一・九八。このレベルまで引き上げれば確かに、将来の労働人口をある程度維持することはできるだろう。では、フランスは何をしているのか。大きいのが、「出生時の役所への届け出は母親と子供のみでいい」ということ。つまり、シングルマザーだろうが事実婚だろうが、まったく問題なく子供を産み、フランス人として育てられる。だいたい生まれてくる子の二人に一人が未婚の母、という実態である。

しかも子育てに関する助成金も日本よりはるかに手厚い。

だが、これを日本でやるということは、現行の戸籍制度を廃止するということ。夫婦別姓すらままならないこの国で、父親の名前は戸籍に載せなくていい、という法案が通るとはとても思えない。

このような手が取れない以上、あとは移民を大量に受け入れるほかない。だが、ヘイトスピーチやネット右翼がはびこる内向きな風潮のなか、今後日本が移民を歓迎する社会に変わるのはまず無理だ。

だが、社会が変わらなければ、人口動態が示すとおりの未来がやってくる。それだけの話だ。

◉地方創生はまさに「毒まんじゅう」

人口が減ることで、文字どおり「町が消滅する」という事態も考えられる。事実、日本創生会議の予測によれば、二〇四〇年までに千八百ある市町村のうち五百二十三は、二〇～三〇代の女性（子供を産む適齢期の女性）が半数以下となり、早晩消滅するという。私も先日、新潟県の佐渡島に行ったのだが、佐渡の人口は戦後すぐには十二万人を超えていたのが、今は半数の六万人しかいないという。島に職がないので若い人は去って行かざるを得ない、というのだ。トキの子供が生まれないことを心配している場合ではない。

アベノミクスの「三本の矢」が不発だったからか、いつの間にか安倍政権は「地方創生」なるものを掲げている。だが、UCLAで地域国家論を教えていた私に言わせれば、国策で地方を再生できた例などほとんどない。わずかにフランス、ラングドックの成功例があるくらいだ。

私は今年、バイクで日本のあちこちを走り回った。そこでつくづく痛感したのが「日本の地方は道路がきれいだ」ということ。立派な多目的ホールや美術館、市役所もそこかしこにある。

しかし、きれいに整備された道路はガラガラ。立派なホールは閑古鳥が鳴いている。そして何より、そこに住む人々の住宅は公共の建物に比べ

●グローバルに通用する

て貧相だ。暮らしが豊かになったとはとても思えない。これが三十年間にわたって地方に交付金をばらまいてきた結果である。地方創生担当大臣に担ぎ上げられた石破茂氏がいくら頑張ったところで同じこと。総裁選までに成果が出ないテーマを与えられ、まさに毒まんじゅうをくらわされた格好だ。

実は、むしろ再生を図るべきは「都市」なのだ。日本の大都市には、世界では考えられない特徴がある。それは「スラムがない」こと。普通は都市中心部に低所得者が集うスラム街ができるのだが、日本にはそれがほとんどない。その要因は「私鉄」にある。私鉄が発達しているため、五十キロ圏内までがすべて通勤圏に含まれることになり、都市の範囲がぐんと拡大した。こうして都市の周縁部が広がったことで、スラムが生まれなかったのだ。

このたぐいまれなる日本の都市を、さらに強化する方法がある。それは容積率の緩和だ。容積率とは、敷地面積に対する建物の延べ床面積の割合のことで、これを緩和すれば建物の高層化が可能になる。

実は日本の容積率はニューヨークやパリといった大都市に比べ、格段に低い。もし東京がパリ並みに容積率を緩和すれば、一般家庭でも二階建てを六階建てにして、自分たちは最上階に住み、他を賃貸に出すというブームが巻き起こるだろう。実際、韓国では一九九七年の通貨危機の際、容積率を倍にしたおかげで建設ラッシュが起き、それが景気を押し上げてIMFの借金を前倒しで返済している。

もちろん安全性に配慮する必要はあるが、そもそも現在の日本の容積率には、さしたる根拠はない。道を一つ隔てただけで容積率が大きく変わることはざらにある。

なぜこんなことが起こるかと言えば、結局役人たちが自分たちの裁量で、鉛筆をなめながら決めているからに他ならない。私はこの提案を何度もしているのだが、結局彼らが自分たちの裁量権を手放したくないために、一向に進まない。これが中央集権日本の現実だ。

そんな日本に対して、最近よく「成長しなくてもいい。今のまま、そ

こそこの生活を送っていこう」という意見が聞かれる。

　だが、それは甘い考えだ。なぜなら、日本は現在、約千三百兆円もの債務を抱えているからだ。いつギリシャのようになってもおかしくない。

　日本国債がデフォルトとなれば、たちまちハイパーインフレーションが起こり、銀行預金は紙くずになる。そして、それはある日突然やってくる。十年後、二十年後かもしれないし、来月の話かもしれない。

　それを避けるためには、「戦争」「歳出削減」「大幅増税」のどれかを取るしかない。第一の選択肢は論外として、二〇一五年度予算で百一兆円もの概算要求をしたうえ、さらに補正予算などと言っている今の政府に、歳出削減の覚悟など求めるべくもない。大幅増税も、消費税一〇％すらままならない状態では、とても無理だろう。

　私は、世界各国でハイパーインフレをこの目で見てきた。スロベニアではカフェでコーヒーを頼むと、一杯目と二杯目で値段が違うほどだった。ロシアでは通貨の桁が増えすぎてタクシーメーターが使えなくなり、乗る際にいちいち値段交渉をする羽目になった。もちろんルーブルは受け取らず、ドルかユーロで、というちゃっかり具合だ。

　ブラジルのマッキンゼーでは、通貨の変動があまりに激しいため、月給制から週給制へ、さらに支払日も金曜から月曜へとどんどん前倒しされていった。しかも月曜には、オフィスから社員が消えてしまう。みなすぐにドルに換えようと、シティバンクにすっ飛んでいくのだ。サラリーマンの時間の二〇％は通貨防衛のために割かないといけない、というのが当時の常識だった。これが、ハイパーインフレの現実である。

●堅実な米と欧州、中国は一発逆転も⁉

　こうして見てくると、これから三十年を今までのように安穏に過ごすのは、どうやら難しいことがわかってくる。今まで高度成長でいい思いをしてきた団塊の世代の人には諦めてもらうとしても、現役世代はそうも言っていられないだろう。では、座して死を待つのは嫌だという人は

●グローバルに通用する

どうすればいいのか。簡単だ。明るい国に目を向ければいい。

世界経済は今後、どのように動いていくのか。大まかな見取り図を示しておこう。

まず、確実に言えるのは、日本とは逆にこれから人口ボーナスが訪れる国は政治さえ安定すれば未来は明るい、ということだ。具体的な国名で言えばインドネシア、フィリピン、タイ、インド、トルコといったところだろう。バングラデシュやナイジェリア、コロンビアなども政治次第では有望だ。

また、資源が豊富でなおかつ財務規律がしっかりしている国も比較的信頼できる。オーストラリア、カナダなどがそれにあたる。

アメリカはどうか。国家としてのアメリカは、正直迷走していると言わざるを得ない。オバマが経済政策の目玉としていたグリーンプランによる二百万人の雇用の創出は、今のところ二万人の雇用しか生み出していない。イラク、アフガニスタン、エジプト、リビアなどにちょっかいを出しては収拾がつかなくなり、シリアやイラクにはイスラム国の台頭を許す始末。アメリカの情報収集力や外交能力のなさを、全世界が知ることとなってしまった。

ただ、それでもアメリカ経済は強い。来年には金利引き上げが予定されており、再び資金がアメリカに還流し景気がよくなる可能性は高い。シェールガス革命という幸運もある。政治はダメでも、多国籍人材を集めたアメリカの経済はそれと関係なく動いていくだろう。

この数年、経済危機で右往左往してきたヨーロッパ圏は、いわゆる「ドラギ・マジック」で窮地をしのぎ、今後はプレゼンスを増すと考えられる。

なぜ、ユーロ圏は強いのか。それは一にも二にも、ドイツという国の存在が大きい。ユーロ圏には二〇一三年にはクロアチアが加わるなど、着々とその範囲を広げようとしている。これら貧しい国がユーロ圏に入ることは、一見、足手まといにも思える。だが、ドイツとしては安価な労働力が得られるだけでなく、そうした弱い国の存在のおかげで為替レート上昇が抑えられるため、輸出競争力も得られる。一方、経済的に

弱い国は補助金が得られるという、ウィンウィンの仕組みが成り立っているのだ。

　以前はこうした国境の拡大は、戦争によってその国を併合でもしなければ実現しなかった。それを平和的な方法で実現しているわけだ。まさに、長年戦争を繰り返してきたヨーロッパがたどり着いた叡智の結晶が、EUであり通貨連合ユーロというシステムなのである。

　中国はすでに繁栄のピークを過ぎたと私は見ている。上層部は腐敗しきっており、経済だけでなく国全体が一気に崩壊することも考えられる。ただ、崩壊後に中国経済が大いに活性化される可能性もある。それは、中国が十程度に分裂するというシナリオである。

　中国の自治体には、優秀な人材が数多くいる。それもそのはず、彼らは共産党政権下で、「七％の経済成長なんて当たり前、一〇％以上でないと生き残れない」というほどの過酷な競争を勝ち抜いてきている。つまり首長とか書記という仕事は大企業における事業部長のような結果を求められる仕事なのである。頭角を現わして昇進していくと多くは腐敗していくのだが、元々の能力はものすごく高いエリートたちなのだ。

　中国が十個程度に分裂するということは、日本の人口とほぼ同じ国が十個もできるということ。しかも、それを極めて優秀なトップが率いる。これは、日本にとっては脅威ともチャンスともなり得る事態だ。うまく二国間連携が取れればいいし、黙って見ていれば十個もの爆走する機関車に置き去りにされる、ということだ。

◉あなたは産婦人科で商品を売り込めるか？

　さて、このように書いてきたが、私がまったく日本という国に失望しているかというと、そんなこともない。

　最近私はよく、日本に観光に来た中国人が書いたブログを読んでいるのだが、そのたびに、彼らの日本への評価の高さに驚かされる。彼らの日本人像はいまだに、プロパガンダ用の抗日映画の日本人兵士なので、

◉グローバルに通用する

そのギャップもあるのだろうが、それにしてもみな手放しの大絶賛なのだ。実際、訪日観光客は増え続けており、百度（バイドゥ）で紹介された富士山撮影スポットには中国人ばかりが大挙して押し寄せ、中国人向けの土産屋ができたほどだ。こういう話を聞くと、まだまだ日本も捨てたものではなく、売り込むものがたくさんある、と思う。

　また、以前に何度もインタビューで述べたので詳しくは触れないが、日本を道州に分けてそれぞれの地域が独自の戦略を取れば、日本の国力を伸ばす余地はまだまだある。中国が十個に分裂して新しいエネルギーが解放されるのと同じように、中央集権で疲弊している日本の解放も十個くらいの道州にして世界に羽ばたかせる、というのが私の年来の主張だ。

　一方、地方創生、などと言ってバラまきをしないことが肝心だ。田舎には田舎であることの価値もある。事実、アメリカのモンタナ州やバーモント州、ニューハンプシャー州などには、自然のままの田舎の風景を目当てに多くの人が訪問するし、引退した人が集まっている。むしろ金を注ぎ込まなかったからこそ、人気が出たのである。それに、誰も走っていない日本の田舎の広い道路は、ツーリングには最適だ（笑）。

　最後に一つ、印象的な話をご紹介したい。ヤマハ中興の祖と言われる川上源一氏のエピソードである。日本がまだ「人口ボーナス」に沸く時代、ピアノの営業をしていた川上氏は、なんと産婦人科に行って出産したばかりの親に、「いずれ大きくなったらぜひピアノを」と売り込み、毎月千円ずつ集金するシステムを作った。こうした努力もあり、日本の家庭のピアノの普及率は世界一になった。

　この話を聞いて、「よし、これから人口ボーナスを迎える国に行き、産婦人科で商品を売り込んでやろう」と思える日本人がどれだけ現われるか。それが三十年後の日本を決めるだろう。そして、そうした思いを抱ける人たちにとっては、三十年後も極めて明るい未来が広がっているはずだ。

1984〜2014年の経済の動き

1984	新紙幣発行。この年の日経平均最高値は11,577円。以後、株価は急上昇していく
1987	ニューヨーク市場の株価暴落(ブラックマンデー)。一方、バブル景気の日本では、80年代後半にかけ財テクブーム、土地ブームが巻き起こる
1989	消費税3%施行。大納会で日経平均株価最高値を記録(38,915円)
1991	ソ連邦崩壊。この年を境に、バブル景気が沈静化
1995	阪神・淡路大震災。地下鉄サリン事件
1997	消費税5%。北海道拓殖銀行、山一證券が相次ぎ破綻
1998	「金融ビッグバン」スタート
1999	統一通貨ユーロ誕生
2001	アメリカ同時多発テロ
2003	日経平均が7,607円まで下落。20年前の水準
2006	2002年からの景気回復が「いざなぎ景気」越え。ライブドアショック
2008	リーマンショック発生
2010	中国のGDPが日本を超えて世界第2位に
2011	東日本大震災

資料:編集部が作成

(THE21 2014年11月号 PHP研究所)

── 必 見! ──

◎「大前研一が語る【向研会】「2014年経済総括」の映像は、こちらから↓
https://www.youtube.com/watch?v=h7X_vbexeaY

◎【向研会】「人口減少の衝撃」(大前研一アワー350)の映像は、こちらから↓
https://www.youtube.com/watch?v=COwMaNJO874

● グローバルに通用する

③. 日本人が進むべき道とは――「日本のビジネスパーソンよ、和僑として世界にはばたけ」

●世界を相手にする「和僑」たちの力強さ

　タイ・バンコクで催された「第五回和僑世界大会」で講演を行なった。和僑といっても耳慣れない人も多いかもしれないが、簡単にいえば華僑の日本人版だ。

　世界には華僑をはじめ、印僑、韓僑など、国外で活躍する同じ国出身者同士のネットワークがある。そのなかでも一番歴史があり、大きいのは言うまでもなく華僑だ。シンガポールのリー・クアンユー前首相の主催で、華僑初の世界大会「世界華商大会」が、香港最大の企業集団・長江実業グループ創設者兼会長である李嘉誠を招いて開かれたのが一九九一年。以来、すでに十回以上、参加者は四千人を数えているという。

　華僑は現在世界に約五千万人、印僑は約三千万人、韓僑が約七百万人。これに対し和僑は約二百万人とまだまだ規模は小さいが、そのうちの約千人が私の話を聴きに集まってくれたのである。

　彼らが拠点にしている地域は中国、香港、台湾、タイ、それに続くのがインドネシア、フィリピンだ。バングラデシュ、ミャンマー、カンボジアなどに行っている人もいる。いずれも生活費が安いので、アイデアがありまじめに仕事に取り組む人なら、そこそこ商売になる。雇用機会が増えるのは地元の人にとっても悪いことではない。起業家精神を持った人は、日本よりもアジアに出ていったほうが、成功する確率はむしろ高いといえそうだ。

　バンコクでエステ会社を営む女性経営者が分科会で話をしていた。肌に優しい独自のメソッドを開発し、それを日本式と称してPRしたとこ

ろ評判となり、いまでは従業員が百二十人もいるそうだ。経営者としての経験が豊富なわけではないが、やる気満々でかなり急速に店舗展開している様子だった。会食した和僑には彼女のような地場密着で発展するタイプが多く、頼もしく感じた。逆にＡＳＥＡＮ全体に広がって「何でもコンサル」というタイプではうまくいかないようだ。

　いま、日本と世界の現実を最も正確に理解しているのは、このような現地密着型の和僑の人たちだ。

◉いま、世界で最も優秀な人材とは？

　ところでいま、世界で最も活躍しているのはどこの国の人材だと思うだろうか。たとえば、欧米の学校で優秀なアジア人というと、昔は日本人だったが、その後、韓国人、中国人と移っていった。だが「一人っ子政策」の影響もあり、中国人の若者の人材レベルは明らかに落ちている。子どもの頃から高級外車を与えられるような高級官僚の子弟がまじめに育つわけがない。

　実はいま、最も評価されているのはベトナム人なのだ。それは彼らがハングリーだからにほかならない。ドイツの第二次メルケル内閣で副首相兼経済技術大臣を務めたフィリップ・レスラーもベトナム人だが、彼はベトナム戦争の戦争孤児で、ドイツ人の夫婦に引き取られて、いまの地位にまで上り詰めた。ボートピープルとして祖国を逃れ、海外で苦労して育ったような人間はやはり根性が違う。そうした人材がアメリカなどでも数多く出てきている。

　あるいは、インドもそうだ。インドは国内に多くの問題を抱えているが、教育レベルが高く優秀な人は非常に多い。グローバル企業の経営者や一流大学の教授の中にインド出身者は数多くいる。

　彼らの特徴は、国の状況が落ち着いてくると母国にいっせいに帰ってきて、その国の経済を引き上げるということだ。いまのベトナムがそうだし、インドも二〇〇四年にマンモハン・シン首相が就任した直後の

●グローバルに通用する

　二〇〇五年から三年ほどは、非常に経済状態がよかった。これは、この時期に国の政治が安定し、対外開放も進んだので、国外に出ていた優秀な人間がお金と技術を持って帰国した結果だ。

　インドやベトナムのように、海外に出て働く国民が多い国の人材は育つ。そして、母国の状況が落ち着くと鮭のように続々と生まれた川に戻ってくるので、国もたちまち強くなるのだ。

　アジアではフィリピンもそうだ。フィリピン人は英語ができるので、受け入れるほうも使い勝手がいい。フィリピンの最大の輸出品は人間だと言われるほど、海外に出稼ぎに出て働く人材は多く、世界中から重宝されている。

　それからトルコ。もともとドイツにはトルコ移民が多いが、いまでもビジネスマインドを持ったトルコ人はみなドイツに出稼ぎに行き、そこでドイツ語と英語と経営を身につける。いまのトルコの繁栄を支えているのは、このドイツ帰りの人材である。イズミールにある（ドイツのファッションブランド）ヒューゴ・ボスの工場なども、ドイツ語を公用語として中国並みのコスト競争力を達成している。

　南米では何と言ってもコロンビアがダントツの出稼ぎ国家だ。コロンビアはスペイン語圏だが、国民はみな英語がうまい。頭の回転もよく、製造業よりサービス業を好む傾向がある。アメリカやカナダのホテルのマネジャーにコロンビア人が多いのはそのためだ。

●多くの人材を輩出した「出稼ぎ国家」アイルランド

　これはいまに始まったことではない。その代表がアイルランドだ。ジョン・F・ケネディ、ビル・クリントンといった米国元大統領やポール・キーティング豪元首相、GEのCEOとして活躍したジャック・ウェルチなど、著名人や各界の実力者を数多く輩出しているのはご存知のとおり。統計を見るとアイルランド国民が四百五十万人なのに対し、海外には七千万人以上のアイルランド人がいるというから驚きだ。二十年に一

度くらいの頻度で飢饉に見舞われて、(戦前の日本と同じように)食い詰めて移民せざるを得なかったのだ。数だけならイタリアも同じくらいの人数が海外に出ているが、イタリアの人口は約六千万人なので、比率ではかなわない。アイルランドはまさに、世界最大の出稼ぎ国なのである。しかも、彼らはみな母国愛が強く、祖国が危急存亡のときは助力を惜しまない。これがアイルランドの強さでもあるのだ。

ユニークなのがギリシャだ。ギリシャ人も外に出る人材が多いが、なかでも一番ギリシャ人が集まっている場所をご存知だろうか。地理的にドイツなどを思い浮かべるかもしれないが、そうではない。確かにドイツは求人が多く失業率も低いが、ギリシャ人はもともと熱心に働くのがあまり好きではない民族なので、まじめなドイツで働こうという人は意外と少ないのだ。

答えは、オーストラリアのメルボルン。ギリシャという国は過去二百年ずっと国債暴落など日常茶飯事というくらい不安定な状態が続いている国だ。そして、もともと船乗りが多いということもあり、危ないとなるとさっさと逃げ出し、オーストラリアに一大コミュニティを作った。いまでは政治から地下経済までギリシャ人が入り込んでおり、その人たちを頼って遠いメルボルンまで多くのギリシャ人が移住しているのである。

自国に仕事がないからよその国に行くというのは、世界では極めて普通の発想だ。スペインやポルトガルでは若者の失業率が五〇％にもなるという危機的状況だが、国内で職を見つけられないなら、国を出てスペイン語圏やポルトガル語圏に職探しに行くのは当たり前の光景だ。

ところが日本人は、決してそういう発想をしない。不況でも内向き、下向き、後ろ向きで、いつか誰かが景気をよくしてくれることを信じて、ひたすら耐え忍んでいる。あるいは、なんとかしてくれと霞ヶ関に陳情に行くのが関の山だ。一歩国の外に出ればチャンスはいくらでもあるのに、自分では何もせず助けてもらうことだけを考えている。そんな人間ばかりの国に未来はない。私が和僑に期待し、皆さんにも海外に雄飛す

●グローバルに通用する

ることを説くのは、そのためだ。

●「日本のことが好きな国」の共通点とは？

では、日本人にチャンスのある市場はどこか。有力なのは「日本のことが好きな国」だ。中国や韓国などというやっかいな隣国（嫌日国）との関係改善に労力をかけるより、そうした国に注目したほうがよほどいい。

日本好きな国はＡＳＥＡＮ諸国をはじめいくつもあるが、あえて挙げるなら、インド、インドネシア、ロシア、トルコの四カ国だ。これらの国々には共通点がある。それは、日本が日米貿易戦争でアメリカと戦って勝ったことに心の中で喝采を送っていた、第三国の国々だということだ。だからこそ日本の製品への評価も高く、たとえばスズキがインドの合弁会社と作っているマルチ・スズキがインドの国民車になっている。

ロシアに関しては、実はロシア人の八五％は日本が好きだという調査が出ている。一方、日本人は九〇％がロシアが好きではないというのだが、こんなにもったいない話はない。それにロシアには豊富なエネルギーや高度なＩＴ技術者集団がある。ロシアと手を結んでおくことは、嫌日国に対するけん制ともなる。

インドも重要であることに変わりはないが、多くの問題を抱えているのも事実だ。私は毎朝ＢＳ１の四時台に放映されるインドのニュースを見ているのだが、政治家や官僚の腐敗ぶりはすさまじいものがある。また、独立以降、国家の中枢でかじ取りを担ってきた国民会議派の母体であるネルー・ガンジー王朝が、ここにきて完全に機能を失ってしまった。さらに、ネットの発達でカースト制度の矛盾や前近代的な習慣が次々と明らかになり、国の秩序が保てなくなるなど、さながら曼荼羅のような複雑な状態を呈している。

インフォシス、ウィプロ、タタ・コンサルタンシー・サービシズのようなグローバル企業も生まれているが、それがそのまま国の発展につな

がっていない。一党独裁の中国と異なり、インドは民主主義国家なので、政府が声をからして経済発展を叫んでも、なかなか国家が一つにはまとまらない。十年前の中国のように、右肩上がりで一気に成長するようなことはあまり期待できないと私は見ている。

また、国民は親日的だが、その半面、人を騙す、約束は守らない、記憶は蒸発する、という国民性でもある。この国でビジネスをやる人は、相当タフでないとなかなか成功できない。だが、世界のどこに行っても経営のできる人材になってみせるという気概があるなら、あえてインドのような国で、自分を鍛えてみるのも悪くはない。

●日本のエネルギー問題を解決する秘策とは？

これからの世界を見るにあたり、エネルギーの問題は避けて通れない。そこで、日本のエネルギー問題についての私なりの見解も、ここに記しておこう。

まずやらねばならないのは節電だ。国は電力消費量を、向こう五年間で五割削減するという目標を掲げるべきだ。夏の冷房と冬の暖房をみんなで少しずつ我慢する。電球をすべてＬＥＤに替える。窓に断熱シートを貼るなど、一人ひとりができることは多い。ＨＥＭＳといわれるスマートハウスへの移行も有効だ。

そして産業界に対しては、エアコンや冷蔵庫のコンプレッサーと産業用のモーターに関して五〇％の省電力を義務化する。これによってCO^2排出量も大幅に削減できる。また、これらの開発に日本が成功すれば強力な輸出品にもなるから、日本企業にとってもいいことずくめだ。

これで五年後には最低でも三〇％の節電は実現できるだろう。すると、総発電量の三四％を担っていた原子力発電はいらなくなる。だから、現在の原発は、五年間限定で稼働すればいい。それも五十四基のうち、福島と同じことが起こっても安全だといえるものだけを稼働する。

再生可能エネルギーに期待するのは見当外れもいいところだ。太陽

光は稼働率が平均一二〜一四％、風力が一九％である。ところが自然相手なので、まったく〇％になることもある。そのときのために別のエネルギーを用意しなければならない。一方、晴天で風が吹き続けると一〇〇％を超えることもあるが、蓄電には莫大な金額がかかるので、余ったエネルギーは捨てるしかない。出力が不安定で、コスト的にも見合わないエネルギーに期待するほうがおかしいのだ。ただし、地熱だけは出力が安定しているので、開発するなら地熱に重点を置くべきだ。

もう一つ、とっておきの秘策がある。ロシアと平和条約を結び、サハリンのガス田から日本までパイプラインを敷く。液化して日本に運んでくると百万Ｂｔｕあたり十五ドルと高いが、パイプラインなら七ドルで買える。ロシアからヨーロッパまでのパイプラインは四千キロ、これに対しサハリン‐鹿島が一千キロだから、技術的には十分可能だ。

それよりむしろ、サハリンで発電してもらって、それを直流高圧送電で日本に持ってくればなおいい。そうすれば電気料金はさらに安くなる。すでに津軽海峡には高圧直流海底ケーブルが通っているし、中国では二千キロもの高圧直流送電線が二本ある。電力ロスが七％しかない、ということはロシアからの電力輸入が十分ペイする、ということである。

鹿島に上陸させないで東京電力福島第一原発につなげるという秘策もある。あそこには原発六基が稼働していたときの首都圏に至る送電網がある。同様にウラジオストクで発電して、七基の原発を持つ柏崎刈羽につなげても同じことが可能だ。

電力だけではない。ロシアと緊密になれば、日本にある使用済み核燃料の永久貯蔵場所の問題の解決も見えてくる。ロシアのツンドラ地帯には半径五十キロメートル以内に人が住んでいない場所がいくらでもある。そこを利用させてもらうのだ。

アメリカは当面、自国のシェールガスを国内産業の発展のために用いるが、二〇三〇年頃を境に余剰分が生まれ、シェールガスを買えと日本に迫ってくるだろう。そのときロシアから電力を買っていれば、値段交渉も有利になる。

これはまったくの絵空事ではない。いま日本に必要なのは、このように「ボックスの外」で考えることなのである。

●ボーダレスな世界はすぐそこに来ている

　二〇〇一年に英語で上梓した "The Invisible Continent"（邦訳『大前研一「新・資本論」』東洋経済新報社）に私はこう書いた。
　「二十一世紀は従来のケインズ的な実体経済にボーダレス経済、サイバー経済、マルチプル経済が加わって、これまでの原則ややり方が通用しない『見えない経済大陸』となる」
　そして、いま世界はことごとく当時私の指摘したとおりになっている。とくにボーダレス経済は、私の想像をもはるかに超えるスピードで進行している。このままだと、やがて国民国家の概念は崩壊し、早晩世界は一つの国になるだろう。
　その兆しはすでにいろいろなところで見て取れる。たとえば、アジアでも成長著しいシンガポール。この国には三次産業しかなく、一国としては実にいびつだ。だが、周辺には一次産業の強いインドネシアやマレーシア、二次産業の盛んなタイというように、それぞれ得意分野の違う国がある。つまり、ASEAN体として見れば、きちんとバランスが取れているのだ。
　また、アメリカはITや医療のような知的付加価値が高い三次産業に特化し、国内の二次産業はかなり衰退した。それでもアップルのような企業が困らないのは、二次産業の分野をそれが得意な中国や台湾で担っているからである。
　このように、国境など関係なく世界を見渡して、必要な価値を生み出すのに最適と思われる場所に、資本と技術を持っていくというのが、これからの世界なのだ。グローバルなSCMの構築こそが生き残りの秘訣と言ってもいい。
　そう考えると、TPP（環太平洋経済連携協定）で農作物の輸出入を自

● グローバルに通用する

由化するのは、むしろ歓迎すべきことだといえる。だが日本では、関税削減や撤廃で輸入米が安く入ってくると、国内の米農家が壊滅的な打撃を受けて「国益」が損なわれるという意見をいまだに大まじめに口にする人が少なくない。

そもそも、彼らの言う「国益」という考え方が間違っている。国民が安全でおいしい米を安価で買えるようになる、これが真の国民の利益、すなわち国益でなくてなんなのか。では、どうしたらそれが可能になるかといえば、世界に出て行き、そういう条件で米を生産できる最適地を見つけ、輸入すればいい。言葉を換えれば、「土地を輸入する」ことに他ならない。これが二十一世紀の考え方なのだ。

●「ボックスの外」に出て考えられる人材になれ！

何度も言うように、日本にいて膝を抱えてじっとしていたら、何が正しくて何が間違っているかは絶対にわかるようにはならない。そういう意味では、いま日本と世界の現実を最も正確に理解しているのは、和僑のような人たちなのである。彼らは外に出ることで「ボックスの外」で物事を考えることができる。そうした人材こそがこれから強くなるのだ。

最近の日本のエリートは、グローバル企業に勤めているにもかかわらず、会社から海外赴任を打診されると断る人が多いという。あるいは、欧米だと喜んで行くが、新興国や途上国だとあれこれ言い訳をして断るそうだが、チャンスはむしろそういう国にこそ転がっている。あえて国名を挙げるなら、インド、トルコ、フィリピン以外のASEAN諸国といったところだ。

二十一世紀の世界は国境が消え、民族の大移動が始まっている。新たな大航海時代に突入したと言っても過言ではない。もはや国内にこだわる意味はほとんどない。この世界標準の感覚を持てる人間だけが成功を手にできるのである。

（THE21　2014年2月号　PHP研究所）

第2章　企業と学校の現場でおきている課題

1. 経営の急速なグローバル化についていけない日本企業

難問山積の時代に生き残る企業経営の要諦とは「"解"は社内にはない、世界のどこかに必ずある」。

◉真面目すぎる日本企業──車座会議とコスト削減では勝ち目はない

日本企業は、真面目すぎるのだと思います。例えば、家電メーカーをはじめ日本の製造業は、今ある製品やサービスを「磨く」ことには長けています。既存技術を次々と改善して新製品を出したり、一生懸命コス

●グローバルに通用する

トダウンしたりすることで市場を席巻してきました。ほんの 10 年ほど前までは、日本のメーカーが世界に先駆けて、デジタル化を推し進めていたわけです。ところが今では、いいカメラもいいビデオもみんなスマートフォンの中。機能だけ取り込まれて、デジカメやビデオ機器はもう要らない、という話になってきました。大企業にそれぞれ独立した事業部を擁し、大勢の社員を養ってきた製品がスマホのアイコンの一つになってしまったんですね。日本企業は、この変化に気づくのがあまりに遅すぎました。だから、依然として素晴らしいカメラを作っている企業はあるけれど、多くの消費者にとっては、残念ながらお呼びではないということになってしまった。せっせと技術を磨き、コストを削る——真面目なことだけが取り柄だったのに、そうした日本企業の得意技は、とっくに陳腐化してしまっているんです。パナソニックやソニー、シャープだって赤字転落する時代です。一時的に持ち直したように見えても、日本企業の本質は何も変わっていません。つまりリーダーに「方向」が見えていないため、昔のやり方で一生懸命努力しているのです。世の中が大きく転換する時には努力だけでは問題が解決しないのです。日本企業の苦悩の背景は、リーダーの欠如と人材の老朽化です。

　スマホに象徴されるすさまじい技術革新が、あらゆる分野に革命とも言える変化を起こしているのに、気づいてもいない企業や経営者が多いと思います。そのスマホにしても、アップルやサムスンがしのぎを削っていますが、ゆくゆくは 1 台 5000 円ぐらいになると私は見ています。実機にはレンズなど最小限のコンポーネントが残るだけで、欲しい機能は全部クラウドからダウンロードするようになる。そこがデジタル化の怖いところで、高度な技術や製品もたちまちコモディティー化される運命にあります。テレビも、単なる端末になっていくでしょう。今も私は、ベルリンフィルのコンサートを毎日テレビで観ています。テレビから Wi-Fi でネットに直接つなげば、部屋に居ながらにしてベルリンフィルの最新プログラムが見放題で、音も画質も素晴らしい。都内のホール

のS席で観たら5万円は下らないものが月14ユーロ、2000円で楽しめるんです。そんな時代に、コスト削減だけでは勝てないでしょう。削るといっても、せいぜい3割なんですから。ネットが登場したとき、ユビキタスという言葉が流行しましたが、いまはもう世界中の空気の中に情報があふれている、まさにユビキタスの時代です。では、そういう時代に企業が生き残るための条件は何かというと、流れをいち早く読み、変化の兆しが少しでも見えてきたら、他人の何倍もの勢いで行動することです。方向が分かって、そこへ向かう勇気と勢いがあるかどうか、そこが勝負の分かれ目です。

　スピードと、どこまでやるのかという規模と程度の問題です。例えばアップルの「iPhone 5」は、発売初日だけで700万台出荷されました。これほど大きな発注にサプライヤーとして応えられる企業は、今の日本にはありません。1ヵ月に70万台が関の山で、それでも計画に2年はかかる。しかし、チャイワン企業※の鴻海（ホンハイ）には、それができるんです。700万台分の部品・部材をその日のために手際よく集めて、作って、全世界に出荷するわけです。いまでは中国の成都で台湾企業が日本よりはるかに"ジャスト・イン・タイム"なものづくりができるわけです。サムスンだってそうです。スピードも、投資の規模も日本とはケタ違いですからね。日本企業が追い付けないのも無理はありません。

　理由は簡単で、トップの存在です。鴻海には郭台銘会長、サムスンなら李健熙会長、彼らが"独り"でトップに君臨しています。日本企業がかなわない企業は、必ずトップが自分一人で決めて、ビジネスを動かしている。会議ばかりしていて、なかなか決められない日本のサラリーマン企業とは、スピードも規模も違って当然でしょう。昔はカスケード（階段状に連続した滝の流れ）といって、日本で売れた商品をアメリカに出し、そこでうまくいったらヨーロッパから東南アジアと手順を踏ん

●グローバルに通用する

で、段階的に世界へ広げていくのが定石でしたが、いまのグローバル戦略はいわば"スプリンクラー"です。スプリンクラーで水をまくように、全世界に向けて同時に展開しなければ、市場を制することはできません。情報が一気に全世界に拡散するので、人々が欲しがるものもほぼ同時期に同じもの、ということになるからです。例えばカジュアル衣料世界1位のZARAの本社は、スペインの西の外れの、これ以上ないような田舎街（ラ・コローニア）にありますが、そこから最新の商品を全世界3000店に48時間以内で届けるというシステムを、商品開発から製造、物流まで含めてトータルに作り上げているから強いんです。これはもう完全にスピードと規模の勝負であり、そういう部分を見通す洞察力と勇気を持つリーダーだけが、トップに一人いればいい。企業の命運は、その一人にかかっているといっても過言ではありません。

●トップは旅に出よ、そしてゼロベースから考えよ

部屋に幹部や社員を集めて、「わが社の問題点を出してほしい」などとやっているようではいけません。提案箱やQCサークルなど、みんなで車座になって知恵を出し合うのが日本式経営の美徳と言われてきましたが、そういう高度成長期の取り組み方に経営トップ自らが関わっている場合ではありません。そもそも現在のビジネス環境において、社長室や会議室の中だけで解決できる経営課題など、何ひとつありません。答えは必ず、世界中のどこかにある。トップが外へ出て、それを探してこなければだめなんです。世界中の目をつけるべき企業、目をつけるべき技術、目をつけるべきトレンド、目をつけるべき人──そういうものを実際に見ることが、これからの経営者に求められる最大の役割です。例えばヨーロッパでIP電話アプリというと、日本で人気のLINEではなく、Viber。これはイスラエルの企業が開発したものですが、開発拠点はなんとベラルーシにある。私も実際に見てきました。ベラルーシは知られざるIT大国で、超高度な技術人材がきわめて多い。しかも賃金は

イスラエルの技術者の十分の一。Viberはそこに着眼して急成長しました。だから、コストダウン志向のトップではダメなんです。みんなで知恵を出し合って、3割削ったところで、十分の一の値段で対抗してくる相手に勝てるはずがありません。

　個々の企業を取り巻くビジネス環境の変化は、決して過去の延長線上に起こっているものではありません。だから、上司や先輩の過去の成功体験は何の意味も持たない。むしろ邪魔な場合も多いのです。自社の仕事にはどんな人材が必要なのか、社員にどういう能力やスキルを求めるべきなのか、ゼロベースで考え直したほうがいいんです。極論ですが、社員全員を入れ替えるくらいのつもりで考えてみるといいでしょう。既存の人材を前提にしていると、彼をどう育てるかとか、彼女をもっと活かせないかとか、そういうふうに考えてしまいますが、それが間違いのもとなんです。誰もいないものとして組織をシミュレーションすれば、本当に欲しい人材像が見えてきます。そして最大の要諦は、そうした人事の必要性を、トップ自らがきちんと把握し記述することです。これは経営者の役割であって、人事部の仕事ではありません。とにかく「いい人材を採用しなさい」と言うばかりで、人事部に責任を押し付けているようでは、トップ失格と言わざるを得ないでしょう。人材に何を求めているのか、具体的にそのスペックをトップが明確に書き出した上で、該当する人材が足りなければ、人事担当者が募集をかけるなり、社内で再訓練するなりして調達すればいい。それでも不足なら、アウトソーシングすればいいんです。クラウドの人材サービス、たとえばoDeskなどに投げかければ、世界中から驚くほどたくさんの応募が瞬時に集まります。

　新卒の多くは22歳になるまで、仕事をしたこともなく、金を稼ぐ訓練を受けていません。昔ならそういう人でも社内でじっくり訓練していけば何とかなりましたが、今はその年になっても「鉛筆一本売ったこと

●グローバルに通用する

がない人」に稼ぐ力を持て、といっても手遅れです。ですから人材採用については、次の三つのルートを考えるべきでしょう。一つは新卒だけでなく、第二新卒から30歳代までの転職組に目を向けること。実社会である程度もまれ、いろいろな気づきを経験した年代のほうが、本当の意味での人材は見つけやすいからです。二つ目は、新卒者を採用する場合に、大学に限らず、専門学校や高校まで含めて学校の範囲を大きく広げること。そして三つ目は、対象年齢を思い切って引き下げてみること。若い世代、それも十代半ばの感覚や視点を、何らかの形で組織に取り込むのです。ドイツのデュアルシステムなどを参考に、一種のインターンシップとして高校生をアルバイトとして雇ってもいいでしょう。彼らは生まれながらにしてITに囲まれ、iPhone、iPadをオモチャ代わりに育ったデジタルネイティブですから、やはり発想がわれわれとは全く違います。仕事をやらせてみれば、将来採りたくなる人材かどうかすぐ分かります。

　※チャイワンとは、CHINAとTAIWANを組み合わせた造語で、中国本土での現地化を高度に進めた台湾企業のこと。自国のハイテク技術と中国の廉価な労働力、巨大な市場を結びつけて世界市場を席巻しています。

（日本の人事部LEADERS Vol.2 2014年3月号　株式会社アイ・キュー）

2. 子に知ってほしい 就職するということ

　この1年で、日本で生きていくのは100倍難しくなった。スマートフォンが爆発的に普及し、カメラもチケットも決済機能も全部スマホの中に入ってしまった。新しいアイフォーンのカメラなんて、高級カメラ並みの品質だ。それが2年間スマホに契約すればタダで使えてしまう。いくらいいカメラやいいキャッシュレジスターを作っても、スマホの生態系"の中に取り込まれアイコンの1つになってしまう。

　先日の東京ゲームショウでも、ゲームも今や主流はスマホと実感した。日本が得意だった家庭用ゲームは、100人が5年間で10億円かけて製作するようなものだった。それが今や学生がミドルウェアを使って2ヵ月で作ってしまう。しかもそれが無料でプレーできる。現代は、タダで利用できるサービスがあふれている。フリーミアム"の世界だ。

　お客からおカネを取るのは本当に大変になっている。あえておカネを払ってもらうには人より抜きんでたものを提供しないといけない。当たり前のことをやっている会社は潰れる。その屍（しかばね）が広がっている景色が若い君たちには見えないのだろうか。

　就職人気ランキングなんてまったく意味がない。平均的なモノ・サービスしか提供せず、特に自国以外でビジネスを伸ばせない会社はそのうち潰れる。実際、ランキング上位の常連だった日本航空は一度潰れた。

　同じ会社内でも、部門や部署によって違う。たとえば丸紅でも、食品部門は米ガビロンを買収して穀物メジャーにのし上がったが、もしかしたら人員整理の対象になる部門だって出てくるかもしれない。「いい会社に就職したら一生安泰。同期の桜の中で出世していけばいい」という発想はとうに通じなくなっている。このような時代に、自分をシェイプアップしないといけないと思わないような、危機感のない人間は生き抜いていけない。子離れできない親のそばにいて、教授が10年前と同じ

● グローバルに通用する

ノートを読んでいるだけの授業を受けていてはダメだ。

　今のようなやり方で学校で英語を教えているかぎり、学生の語学力は伸びない。授業であり教科である以上、教師はテストをし、間違っていればバツをつける。

　本来、語学にバツもマルもない。通じなかったら言い直せばいい。母親が、子どもの文法が間違っていると言ってほおをたたくだろうか？ それと同じことだ。語学習得の意味からも、海外生活は欠かせない。中・高校生時代のせめて1年間、海外留学を必須にすべきというのが私の持論。授業料の無償化で学生には一人数十万の補助金が出ている。そのおカネを使えば、どこの国でも暮らせるだろう。

　どの会社に入るかではなく、何のために行くのか、という目的意識が必要だ。その解を見つけることが向上心にもつながる。

　日本は猫もしゃくしも大学に行くようになったはいいが、在学期間中に十分な職業観を身に付けていない。だから、採用面接で「誰とでもちゃんとうまく付き合えるのが自分の強みです」と、なる。

　何を、言っているのかとあきれてしまう。そんな人間は掃いて捨てるほどいるし、もっと言えば拝命型、奴隷的メンタリティの持ち主だ。そういう付加価値のない働き方しかできない人は、新興国と同じ給料に一生甘んじるか、そのうち仕事を失うか、あるいはそういう人間を雇った会社が潰れるか、いずれかだろう。

　英国では大卒で就職する人は3割程度で、30歳くらいまでに自分の仕事を決める。ドイツでも学生の在学年数や年齢はバラバラ、迷いながら何で飯を食べるのか見つけるのが学生時代なのだ。焦って就職する必要はない。自分の人生、自分で設計してみたらどうか。じっとしていても答えは出ないなら、1年でも2年でもいい、海外で生活してごらんと言いたい。そうして自分の足で生きていく力を身に付ければよい。

そもそも新卒一括採用というのが世界的には異常な文化。「初任給も一位で最初の数年間は給与も差がつかない」という環境ではどうしてもサボってしまう。日本全体で見れば大きな損失になっているはずだ。

　「うちの会社に何をしてくれるんですか」。私がもし採用担当者だったらこう聞く。「うちの社員にできないことで、あなたにできることは何か、当社の何を変えたいか」。

　答えられない人は採らない。「社員の方の話を聞いたり、外部から見たりしていると、御社にはこういう点が足りないように見える。それは私が石にかじりついてでも成し遂げます！」。こういう人ならすぐ採りますよ。なかなか採用されないと悩む前に、そのための勉強が足りているのか、自問自答すべきだろう。

（週刊東洋経済 2013.10.12 号　東洋経済新報社）

3. 「未来の学校づくりに関する調査研究報告書」より

　「今、世界に出てみて「はたと気がつく」問題は世界の共通語って何だろうということです。コミュニケーションツールとしての英語が一つありますが、上手い英語ではなくて意思を通じさせて結果を出すという実務的な英語が必要になります。もう一つは経営・ITというものが他の国と一緒のレベルでないと指導力が発揮できません。そうでなければ、自分の工場に赴任してもみんなが全く言うことを聞きません。経営・ITは必要不可欠で若い時からやらなければいけません。

　それから、英語、経営・ITに共通しているものとしてロジック（論理）です。ロジックというのは世界共通言語で何語であってもロジック

●グローバルに通用する

を使って説明すると「なるほど」と言ってくれるんですね。「だからこうなんだよね」と言うとわかってくれるんです。ロジックというのはアリストテレスの昔からあるわけですが、日本の教育では全く教わることがありません。このロジックがないということが英語だけできても説得力がないということになってしまうのです。

　世界のどこに行っても指導力を発揮するためには英語だけではだめです。ロジックだけでもだめ。コミュニケーションの力とITを使って、見えてない人にも説得をしていかなければならない。これがグローバル時代の特徴なんですね。英語、経営・ITとロジックは三位一体であり、このような教育は幼稚園からスタートしなければだめだと思うのです。大学に行っていきなりギリシャ哲学、アリストテレスなどを教えても頭の構造がそうなっていません。この辺が他の国と日本の違いになってきています。教育カリキュラムの中にこの三つを一貫して織り込むということを私としてはお願いしたいと思います」

　「21世紀の人材と既存の教育システムが生み出すものとのギャップは非常に大きいです。グローバル化は避けて通れません。21世紀というのは実は答えのない世界なのです。日本は先進国になりましたので、追いつけ追い越せで答えを見ながらやってきたという時代は終わり、これからは世界のトップリーグとして答えを見つけていく時代です。ほとんどの日本の企業が答えを見つけないといけない中で、教えられたことを覚える、覚えたことを吐き出すという記憶偏重の教育は全く価値がありません。グーグルで調べたら出てくるようなことを覚え込んでも始まらないのです。義務教育で覚えこむことを全部、記憶メモリーに入れてもいくらの価値にもなりません」

　「私はコミュニケーションに視点を置くならば、○×で教えてはいけないと考えています。×を食らうとパブロフの犬になりますから外国人が寄ってくると日本人は逃げます。ですから英語が母国語の教員免許

を持った人が日本でも教えることが重要です。

　韓国は英語村をつくっています。その中では全部英語というのをチェジュ島（済州島）とインチョン（仁川）につくって生活をさせるか、海外に出します。高麗大学では卒業までに必ず半年は海外に行けというカリキュラムがあります。

　マレーシアの国語論争は国論を二分して非常に大変でした。教室で英語かマレー語でやろうと選択を学校側に預けました。10年経ってみると理数系のものは英語で教えるようになり、今彼らはほとんど自然のバイリンガルになっています。シンガポールも国論を二分した国語論争がありましたけれども、これは中国語または英語とやったために結果的にほとんどの人が英語になりました。それからドイツ、フィンランド、韓国はこの10年間で英語の能力が最も伸びた国です。これらの国を参考にする必要があるのではないかと思っています」

「教育における日本のスタンダードというのは、答えのある問題を学び、先生や親の言うことを聞いて、覚えて、答えを吐き出す。そして非常に引っ込み思案です。意見を聞かれると『別に』と言う人が多いんですね。自分の意見を言わない、持っていない。これでは世界に出て活躍できません。

　我々の目指す姿、グローバルスタンダードは答えのない問題をみんなで議論して答えを見つけていこうとする人材です。自分がなぜそういう意見を持っているのかを言える、行動する。そして人がもっといい意見を持っていたら、そちらに変えていくという柔軟性が要求されると思います。

　参考となる国は、デンマークやフィンランドなど北欧の国々です。世界的にリーダーシップをとる人というのは北欧4国から多く出てきています。偶然ではありません。

　フィンランドは『あなたが八百屋さんになったとして、どうやってお金を稼ぐかみんなで考えようね』と幼稚園から企業経営のことを教えて

●グローバルに通用する

います。そうすると『腐った野菜を置いておいてもだめね』『狭いフィンランドにとらわれずに世界に出ていって活躍しなさい』というふうに小中一貫して教育します。ノキアのように自分の国の売上高は売上全体の1パーセントにもならないというところも出てきているということです。

　それからグローバル企業でのリーダーシップにおいてはスイス、ベルギー、オランダの出身者が非常に強いです。ネスレは世界最大の食品会社ですが、歴代トップはドイツ、オーストリア、ベルギーの人です。プロフェッショナルという点では、インドが圧倒的に強いです。イギリスでは医者の4割がインド人です。アメリカでは3割がインド人です。

　世界の中で一番したたかに生きているのは台湾です。日本語、中国、英語ができる。中国の躍進を一番上手く取り入れたのが台湾です。去年の成長率も10パーセントを超えている強烈な国です。

　国家としてしたたかに生きて変貌している国は、ドイツとシンガポールです。シンガポールはバイオからファイナンスのほうに入って国家戦略を巧みに変えてきています。

　逆境をバネに高いアンビションで変わってきているのが韓国です。これらの教育の変化は、フィンランドの場合は16年前、スウェーデンはフィンランドよりもさらに5年ぐらい早く起きています。そして韓国は11年前、金大中氏が大統領になって以来、明確に変わっています。学校が変わると10年で成果が出るのです。"お母さん"が変わりますから。そうすると一発で成果につながります」

（「未来の学校づくりに関する調査研究報告書」未来の学校づくりへの示唆、第3章第6節より　国立教育政策研究所）

第3章　0歳から18歳まで、異能を開花するための人材育成

1. 国際バカロレア――グローバルに通用する教育体系◎

「教育の目標は知識の獲得ではなく、多様な考え方で発揮できる知力を育成することである」
――アレック・ピーターソン（国際バカロレア初代事務局長）

　皆さんは「国際バカロレア(International Baccalaureate、以下略称「IB」を使用する)」という言葉を聞いたことがあるだろうか。この質問を5年前にしたとするならば、教育関係に携わっていないほぼすべての人が「知らない」と答えたのではないだろうか。最近でこそ、後述の通りIBへの注目が高まりはじめたこともあり、「名前を聞いたことはある」という人も増えてきたが、その中身を具体的に理解している人はまだま

●グローバルに通用する

だ数少ないであろう。

　それもそのはず、日本におけるIB認定校の数は28校で、このうち学校教育法第一条に規定されている学校（所謂「一条校」）は8校にすぎず、認定校の中心はインターナショナルスクールである。平成25年度学校基本調査によれば、日本の一条校の高校は4,981校であるから8校というのはその0.1％に過ぎず、現時点では国際バカロレアは日本で殆ど普及していない。

　ところがここ2年ほどで、今後の日本の教育全体に影響を与えそうな大きな変革が、この国際バカロレアというキーワードを中心に起きている。まず2012年6月に「グローバル人材育成推進会議」が国際バカロレア認定校を5年以内に200校にするよう提言した。これを受けて2013年、安倍内閣による日本再興戦略において、「2018年度までに国際バカロレアのDP（高校レベルにおけるIB資格）校を200校にする」という目標が改めて明記された。そして文部科学省は、この意欲的な目標を達成するため、IBと協力して一部を日本語で教えることを可能とするデュアルランゲージ・ディプロマプログラム（「日本語DP」、後述）の開発を発表した。

　このようなIBの日本における急速な関心の高まりの背景として、多くの日本企業及び日本の国力向上にとって、グローバル化及びグローバル人材の育成が今まで以上に重要になり、その中長期的手段の1つとして経済界がIBに着目したということも大きい。例えば経団連は2013年6月、「世界を舞台に活躍できる人づくりのために」というレポートの中でIBのDPプログラムについて、「グローバル人材を育成するうえで有効な手段の一つ」としてその普及を強く提言している。

　このように日本においてはグローバル人材育成の観点から論じられることの多い国際バカロレアだが、誤解のないよう先に補足すると、それは国際バカロレアの授業は英語で行われるから、ということではない。

国際バカロレアの幼稚園・小学校課程にあたる PYP と中学校課程に相当する MYP は使用言語を問わない。そして高校過程にあたる DP は、後述する「日本語 DP」の開発により、使用言語が英語の教科はごく一部となりそうな方向にある。

つまり言語がポイントなのではなく、IB の提供する教育内容が、グローバル人材、そして本書における異能人材を生み出すうえで有効なプログラムであると認識され始めてきたのである。ではその教育内容とはどんなものか、本稿では本書のテーマである「異能」を生み出す教育体系に非常に近いものとして、国際バカロレアについて紹介したい。キーワードは「探求型学習」「全人的教育」である。

1）国際バカロレアとは？

国際バカロレア（International Baccalaureate、以下「IB」）とは、教育プログラムそのものをそう呼ぶことも多いが、1968 年に設立したスイスを拠点とする非営利団体を指す。当初の IB の目的は、外交官や国際企業の子女など海外を移動しながら教育を受ける生徒のために、世界のどこの大学にも通用する入学資格（ディプロマ）と教育プログラムを構築することで、インターナショナルスクールの教員が中心となってカリキュラムを開発していった。2014 年 12 月現在、世界 146 か国で 3964 校にそのプログラムが導入されている。これは 2009 年からの伸び率でいうと、6 割強の増加率であり、今なお世界的に普及している過程にある。

IB では現在以下の 4 つのプログラムがある（次ページ上表参照）。

これらの全てに一貫した重要コンセプトとして、10 の IB 学習者像（IB Learner Profile）がある。

「探求する人・知識のある人・考える人・コミュニケーションできる人・信念のある人・心を開く人・思いやりのある人・挑戦する人・バランス

●グローバルに通用する

プログラム名	対象年齢	概要
PYP (Primary Years Programme)	3-12歳	精神と身体の両方の発達を重視。使用言語は何語でもよい。
MYP (Middle Years Programme)	11-16歳	使用言語不問。学習期間は5年だがより短い期間も可。
DP (Diploma Programme)	16-19歳	公式使用言語は英語、仏語、スペイン語。IBからカリキュラムが提供。学習期間は2年。
IBCC	16-19歳	主に就職や専門学校進学を目指す生徒のために社会に出て役立つスキルを習得させるもの。

の取れた人・振り返りができる人」

このような学習者を生み出すための教育体系をIBが提供しており、その特徴には様々なものがあるが、ここでは「全人的教育」と「探求型学習」の2つに整理してお伝えしたい。

特徴1．全人的教育

全人はholisticの日本語訳となり、ややなじみのない言葉であるが、IB公式ガイドブックである「DP原則から実践へ」によると、全人的教育においては生徒が各教科の知識や国際的な視点を身につけることに加え、社会に望ましい貢献をするためのスキル・価値観、そして行動する意思を身につけることの重要性に言及している。そしてコミュニティにかかわる責任ある市民となること、人生体験を豊かにする芸術や娯楽、スポーツに触れることも、全人的な教育を完全にするうえで重視している。つまり地球市民として、幅広い視野と豊かな人間性を有する人物を育成するカリキュラムということである。これは後述するIBの体系をお読みいただければ理解頂けるものと思う。

特徴2．探求型学習

探求型学習という言葉もあまりなじみがないが、英語では"Inquiry-Based Learning"である。分かりやすくするためにあえて表現すると、日本でなじみのある記憶中心の学習の対極にある学習である。記憶中心

学習においては、その評価基準は「どれだけ知っているか」であるから、試験もこの評価基準に沿って作成される。しかし19・20世紀と比べ入手可能な情報量が圧倒的に増加した現在では、大量の知識を「どれだけ知っているか」はもはや以前ほど重要ではない。探求型学習においては、大量の知識を記憶することよりも、好奇心をもち、ある事象を深く探求する行為によってこそ、そこで得た概念や知が実社会で活用可能となる、という考えに基づいている。

このアプローチでは、IBの公式ガイドの日本語版「国際バカロレア（IB）の教育とは？」にも記載があるが、探求→行動→振り返りのサイクルを通じ、学習者が独りまたは協働で学ぶ形が基本である。まずチャレンジに満ちた課題が提示され、それを探求し、教え合ったり発表したりという行動があり、どのような学びがあったのか、今後のために足りない点は何かなど、自ら批判的な振り返りを行う、というプロセスを繰り返す。この過程で教師の役割として、必要な知識の伝達というティーチングに加え、フィードバックや支援が重要となる。

多くの皆さんの経験の通り、記憶によって得た表面的な事実の羅列は忘れるもので、実社会での応用性も薄いものが多い。一方で学習者の意欲に基づいて探求して学んだものは、後々残るということだ。なおこの考え自体はIBに新しいということでは決してなく、教育学的には構成主義（Constructivism）という古い概念に基づいている。

なお探求型とはいえ、IBにおいては学習者の興味に基づくものだけを学ばせるわけではなく、また、生徒の探求を放置するわけでもない。

Structured Inquiryという考えに基づき、教師が予め学習内容や探求のプロセスを設計した上で、教師からの問いかけを発端として生徒が探求を開始し、考えさせ、議論させる形をとっている。

その意味では当然生徒が身に着けるべき体系と教育目標は存在する前提になっており、「探求や議論に時間を使うのは分かるが基礎学力がつかない」、ということにはならない。

● グローバルに通用する

国際バカロレアのプログラム構成

前項において IB のプログラムとして PYP、MYP、DP、IBCC の 4 つを簡単に紹介したが、ここでは主要なプログラムである PYP、MYP、DP の 3 つについて補足したい。

PYP（Primary Years Programme 幼稚園・小学校レベル）

PYP は 3 歳児から 12 歳児を対象にしたプログラムである。言語・社会・算数・芸術・理科・体育の 6 教科を学ぶ。日本のカリキュラムと大きく異なるのは「私たちは何者なのか」「私たちはどのような場所・時代にいるのか」「どうやって自己表現するのか」「世界はどう動いているのか」「私たちはどう組織しているのか」「地球の共有」という、Units of Inquiry（UOI、探求の単元）と呼ばれる 6 つの科目横断テーマが並行して存在することである。これらは各科目の内容を習得するだけでなく、それらを学際的に応用・統合して、社会に出てから必要な考える力やアウトプット力をつけることを目的としている。

これら 6 つのテーマは、独立したそれぞれが科目として取り扱われるわけではない。教科内でも言及されるほかに、プロジェクトとして時間が割かれ、テーマの 1 つ 1 つを各学年ごとにじっくり探求していく。例えば、「私たちは何者なのか」というテーマにおいては、教師は「自分で決めていくことは幸福や健康に影響を与える」といった中心課題（Central Idea）を提示し、生徒に探求させていく。

このように中心課題等のフレームワークはガイドラインとして提供されるものの、PYP で指導する具体的な教育の中身は、後述する DP と異なり IB から提供されるわけではなく、クラス担任や専科教員等の複数の教師が協働作業で決めていく。

つまり「何をどのように学習するか」は学校のカリキュラム設計に委ねられており、学校及び教師は、生徒が理解できる身近な題材を選択し、既存の知識と新しい知識を関連付けながら、生徒が自らそして協調しながら理解を深める設計を行う必要がある。

生徒は学びのサイクルにおいて探求した内容を、レポートや目に見える成果物として整理し、発表させ、Unit の最後に振り返りを行う。そして PYP 課程の最後を飾るものとして Exhibition とよばれる学内発表会が集大成として設定される。これは統一したテーマに基づき、一人またはグループで 2-3 か月かけてリサーチし、プレゼンするものである。

MYP プログラム（Middle Years Programme 中学校レベル）

MYP は PYP に続くもので、11 歳から 16 歳を対象年齢としている。MYP ではこの後の DP の準備期間の意味も含めており、DP で重要な要素となる言語（外国語）を含む 8 つの教科（言語 A、言語 B、人文科学、理科、数学、芸術、体育、テクノロジー）を学習する。また PYP と同様、教科を超えた学際的な取り組みと実社会との関連性を重視しており、Areas of Interaction（AOI、相互作用のエリア）として「学習の方法」「コミュニティと奉仕活動」「人間の創造性」「多様な環境」「保健教育と社会性の教育」という 5 分野が設定されている。

またこれも PYP と同様で DP と異なる点だが、各教科で扱う具体的な内容やカリキュラム体系は IB から提供されるわけではなく、学校独自で規定する（IB に新規認定申請する時点では予め用意しておく必要はある）。IB が規定するのは 8 つの教科を実施することと、5 つのエリアという最低限のフレームワークのみである。この 5 領域は MYP が重視する教育観点として、各教科内での言及のほか、学際プロジェクトや教科間相互で協働設計したプロジェクトが想定されている。そして生徒が知識を主体的に統合・整理し、現代社会への関心や能動的な態度を育てることを目的としている。最終学年では Personal Project と呼ばれるプロジェクト学習がある。

IB 教育における教師の役割

ここまで PYP と MYP について簡単に紹介してきたが、DP について詳述する前に、IB 教育における教師の役割について 2 つほどまとめたい。

まず第1に、IB教育における教師の役割は、知識を一方通行で教える狭義のTeacherだけではなく、企業的に言うならばコーチ、ファシリテーター、メンター的な役割が極めて重要である。

課題を提示する、生徒が能動的に活動する中で参考になるデータや記事を紹介する、チームワークをサポートする、纏め方を指導するなど、多岐にわたる役割がある。

第2に、PYPのUOIやMYPのAOIなどの学際的な教育を提供するには、担当科目を超えた教員間の綿密なカリキュラム設計への協働作業（コラボレーション）が不可欠となる。具体的には全体設計を協同で行うほか、お互いにどのようなことを教授しておりどの様な協働ができそうかなどなど、毎週定期的にコミュニケーションするようなことになる。これは自分の専門分野さえしっかり指導できれば良い、と考える教員に対しては、真逆に近いほどのパラダイムシフトであろう。

つまりIB教育を成立させるには、全教員がIB教育を深く理解し、積極的にかかわることが不可欠なのである。逆に言えば仮に学校のトップがIB教育実施を決断したとしても、賛同教員と彼らの継続的関与がなければIB教育は成立しない。

DPプログラム（Diploma Programme 高校レベル）

DPプログラムは、PYP、MYPと異なり、科目ごとのカリキュラムがIBから提供されている。これは世界共通で実施される統一最終試験の準備という側面があるとともに、その先にある大学入学準備も見据えているからと言えよう。科目は、以下の6つのグループ（教科群）から1科目ずつ取得する。なおイタリック体は日本語での開講が可能とされた科目である（後述）。

グループ1では母国語とその文化を重視するIBの考えに基づき、80以上の言語が準備されている。IBが母国のアイデンティティを失わせない教育を目指している象徴といえよう。また国際的言語運用能力を重視する観点からグループ2がある。そして全人的教育を重視する観点か

ら芸術が1つのグループを構成していることも大きな特徴といえよう。

グループ1：言語と文学(Studies in Language and Literature)：第一言語での学習
科目名：言語A：文学、言語A：言語と文学、文学と演劇
グループ2：言語獲得(Language Acquisition)：外国語としての学習
科目名：言語B、初級語学
グループ3：個人と社会 (Individuals and Societies)
科目名：ビジネス、経済、地理、歴史、情報テクノロジーとグローバル社会、哲学、心理学、社会・文化人類学、世界の宗教、グローバル政治
グループ4：科学(Sciences)
科目名：生物、化学、物理、デザインテクノロジー、コンピューター科学、環境システム
グループ5：数学(Mathematics)
科目名：数学スタディーズ、数学SL、数学HL
グループ6：芸術(The Arts)
科目名：音楽、美術、ダンス、フィルム、演劇

上記6グループのほか、必修のコア科目として、Theory of Knowledge（TOK、知識の理論）、Extended Essay（EE, 課題論文）、Creativity, Action, Service（CAS、創造性・活動・奉仕）の3科目が配置されている。この3つのコア科目の存在は探求型学習と全人的教育を強調するIB教育の大きな特徴といえるが、日本の科目では対比がなくわかりずらいと思われるので、内容について以下に補足する。

科目略称	概要
TOK	生徒が過去に各学問領域の学習や自らの経験を振り返りつつ、それらから得たものを統合する過程で論理思考・クリティカルシンキングや知の本質を身に着ける学際科目。最低100時間。試験はIBOから与えられたリスト10問から選択。
EE	DPの6分野のうち1つに関連した研究課題について4000字（日本語では8000字）以内の論文を作成。40時間を費やすことを推奨。答えを自ら探求し生み出すDPの集大成。自ら課題を立て解決する大学の卒業論文の準備ともいえるプログラム。
CAS	ボランティア・コミュニティでの活動など、学問以外の活動を行う時間を課し（最低150時間）、社会性・実践性・協調性などを身に着ける。

なお科目の多くはHL（Higher Level、240時間）とSL（Standard Level、150時間）の2つが設置されており、6教科のうち3つまたは4つはHLで、2つまたは3つをSLで学習する必要がある。

●グローバルに通用する

DPの成績評価

6つの教科グループの評価については1点から7点までの7段階評価で、4点以上が合格となる。TOKとEEは合算で最大3点が与えられる（なおCASは点数には加算されないが、学校から不合格と判断された場合には、必須単位不足とみなされて、DP課程の卒業資格が与えられない）。45点満点のうち、DPの取得基準は24点以上である。各科目の成績評価は学内評価と学外評価の合算であるが、学内評価は全体の2-3割で、これをIBに提出後さらにIBにおいて評価の適正性が図られる。次に全体の7-8割を占める学外評価は世界で統一試験が5月と11月にあり、この採点はIBの試験官が行う。なお後述の日本語DPで履修した場合でも、当然のことながら海外の大学でも同じように扱われる。世界統一試験という制度がある他に、何語であっても評価表（教育用語でいうルーブリック）が同一だからである。

IBDP取得率は概ね8割弱である。つまりDP準拠の授業を受けたからと言ってDP取得が約束されるわけではない。DP未取得者は所属する高校卒業をもって大学受験資格とすることとなる。その場合、日本の一条校であれば文部科学省が認定する卒業資格を得るだろうし、インターナショナルスクールであれば、CIS（the Council of International Schools）等の国際的な評価団体の認定をもって大学受験をすることとなる。

日本語DP

ここですでに何度か出てきた「日本語DP」について2014年12月現在の整理をしておきたい。これは文部科学省とIBが2013年5月に、一部の科目を日本で行う「日本語と英語によるデュアルランゲージ・ディプロマ・プログラム（日本語DP）」の共同開発に合意したことが出発点で、現在の状況をまとめると以下のとおりである。

> DPの6教科（グループ）、30科目のうち、「日本語（文学）」は当然として、「歴史」「経済」「化学」「生物」「数学（StandardとHigher Level）」「物理」の7科

目が日本語実施可能、及び先に述べた DP のコアである TOK、EE、CAS が日本語実施可能とするもの。

上記により、6つの教科グループから1科目を選択して履修する現在の仕組みにおいては、グループ1、3、4、5で日本語化可能科目を選べば全体の 2/3 は日本語となる（なお将来の進学のために日本語化が許諾されていない科目を受けたい場合は、国際バカロレアが唯一オンラインでの授業提供を許諾している Pamoja Education が実施するオンライン授業を受ける、という選択肢もあるがこれは英語である）。6グループのうち引き続き英語ベースなのはグループ2の外国語と6の芸術の2つのみ、さらに TOK/EE/CAS のコア3科目は日本語であるから、日本語 DP は、一部というより多くが日本語で履修可能なもの、と言っても過言ではない。

大学入試と国際バカロレア

今後、日本の国際バカロレア認定校で IB 教育を受け、DP を取得した生徒はどのような進路を想定すればよいのだろうか。大きく分けると「国内大学に進学」「海外大学に進学」の2つであろう。

まず、海外の大学進学については、従来から世界中の多くの大学が DP 取得者を積極的に受け入れている。例えば英国において DP 生の進学先はトップ20大学の割合が高く、同様に米国では DP 生のアイビーリーグ合格率が全体の合格率よりも高い。また、大学によっては DP で学んだ科目を HL（Higher Level）で取得した場合、科目履修免除（単位認定）があるといった大学単位認定制度がある。日本人 DP 取得者にとって海外大学進学は英語力さえあれば引き続き有力な選択肢である。

今後大きく変化が起きそうなのが、日本の国内大学に進学する場合である。まず前提として所属する学校がいわゆる文部科学省が認定した日本の高校卒業資格を得られる一条校であれば、DP のカリキュラムでありながら日本の学習指導要領もカバーするようにカリキュラムが組み立てられるはずなので、DP と高卒資格の両方を得ることとなる。一方で

一条校でない所謂インターナショナルスクールで DP を取得した生徒の場合は、日本の高卒資格はないが、所属学校に CIS 等の国際団体の認定があればその認定に基づく高卒資格と DP が武器となる。

日本国内で大学進学を志向する生徒にとっては、日本の大学が DP を認めないのであれば、幾ら DP の質が良いとしても積極的には選択し難いであろう。しかしこの点については、文部科学省や日本で制度を設計する側も十分に課題として理解しており、解決へ向けた制度変更が着々と進んでいる。一条校で DP を取得しようとする者、インターナショナルスクールで DP を取得しようとする者双方にとって今後数年間は良くフォローされたい。

まず、2014 年 4 月に出された「国際バカロレア日本アドバイザリー委員会報告書」では、大学入試受験資格とするのみならず、一歩踏み込んで国内大学入試における所謂「IB 枠」の設定を提言した。

また、文部科学省は 2014 年度より「スーパーグローバル大学創成支援」として、国際化を進める大学への重点助成を行うこととしているが、この支援事業において大学入試の IB 活用を積極的に促させる方針としている。

具体的には、受験生は、センター共通試験等の従来の大学受験の手順を踏む必要がなく、DP の最終試験の点数（＋エッセイ等の小論文や面接など）のみで大学受験を実施するというものである。

今後、2014 年 9 月にスーパーグローバル大学に認定された 37 大学を中心に、こうした IB を活用した、主に知識の量を評価し採点するという考え方に囚われない、新たな入試が一気に広まる可能性が高まっている。

現状すでに IB 入試がある主な大学としては、早稲田、上智、ICU、岡山、玉川、関西学院、大阪、横浜市立などがあるが、これら政府や文部科学省の動きを背景に昨年から今年にかけて IB を活用した大学入試を行うと発表した大学は相当数増えており、平成 26 年度以降に IB 入試を予定する大学としては東京、京都、慶應、筑波、立教、法政な

どがある。

なお、IBの大学での活用などの情報や、日本のIB政策面での情報は今後も刻々と変わるであろう。

恐らく本原稿執筆時点の2014年12月時点から半年も経てば、日本語DPの枠組みなども含め、更に変わっている可能性がある。

こうしたIBの政策面での最新情報は、Facebook上の「文部科学省・国際バカロレア普及拡大広報ページ（大臣官房国際課国際協力企画室）」が詳しい。

本書で日本における国際バカロレア教育に関心を持ったFacebookユーザーはぜひフォローされることをお勧めする。

国際バカロレアの課題

ここまでIB教育の概要と日本におけるIBを取り巻く動きを紹介してきた。限られたページ数の中ではあるが、IB教育がグローバル人材育成そして本書のテーマである異能を生み出す教育に適していそうだ、とご理解頂けたと思う。しかしIBが提供する教育もまだ完全ではなく、幾つか気になる点があることも指摘しておきたい。

第1に、その成り立ち柄、現時点ではどちらかというとやや西欧的な色合いの濃いプログラムであるということだ。DPにおける母国語を重視した科目の存在に例を取るように、IBの重要な価値観の一つに、生徒の国の言語や価値観を重視した教育、というのは確かに存在する。しかしIBがカリキュラム内で提示する参考文献の種類を例にとっても、西欧以外のものはまだ一部である。しかしこのことは真にグローバルな教育体系を志向するIBの中でも認識している人はいるようで、今後徐々に改善が進むだろう。

第2に、日本特有の課題として、今後急速に日本語DPが普及したとして、中学校までを日本の典型的な教育で過ごした生徒がいきなり探求型学習をできるのか（関連して、教員は探求型学習を指導できるのか）、

という疑問が残る。その対応としては高校1年時の1年間の準備プログラムの設置や、小中高一貫校であれば、下のレベルから授業やカリキュラムにIB的な要素を取り入れるといったことが必要となるだろう。

まとめ——日本の教育と何が違うのか

最後に、日本の今までの教育とIB教育を比較しながら本稿のまとめとしたい。

①いわゆる偏差値教育の対極にある教育体系である

IB教育が、記憶量と入試合否が相関するいわゆる偏差値教育とは対極をなすものということはすでにお分かり頂けたと思う。この偏差値教育の弊害は至る所で言われるが、BBT大学学長の大前研一も以下のような問題提起を行っている。

「偏差値教育の最大の問題点は、それがあたかも人間の能力や価値を規定しているかのような錯覚を与えることです。偏差値教育の結果、日本の多くの若者は、身の丈に合った夢しか見られなくなり、手の届く可能性にしかチャレンジしなくなりました。これでは、かつてその名を世界中に轟かせた松下幸之助（松下電器（現パナソニック）創業者）、本田宗一郎（ホンダ創業者）といった世界に通用する人材は日本から育たないでしょう。彼らがなぜ世界に通用することができたのか、それは彼らが偏差値のない時代に育ち、自分の能力には限界がないと思えたことが大きいのです。」

(BBT大学ホームページ　大前研一学長挨拶より)

偏差値教育は、過去においては有用な面もあったかもしれないが以下の問題がある。

・序列化されることにより、自己実現意欲と肯定感が減る

・記憶偏重により、答えのない状況で答えを見つける力や、議論・作文・プレゼン等のアウトプット力が弱くなる

特にこの2番目は、グローバル人材・異能人材を生み出すうえでは大きな問題となる。IBは既にみたとおり探求、アウトプット、省察を繰り返す、アウトプット重視の探求型学習である。そしてこの探求型学習は自己の好奇心と意欲を重視して行われる。

②全人教育アプローチである

全人的教育とは幅広い視野と豊かな人間性を有する人物を育成するものであると先に述べた。もちろん日本の学校教育でもこの側面は重視していると思うが、IB教育においては以下3つの具体的な特徴がある。まず第1にDPプログラムでは日本では典型的な文系理系の強調が少ない。SL（Standard Level、1科目あたり150時間）、HL（Higher Level、1科目あたり240時間）といった強弱はあるが、歴史・地理といった社会科学系、数学・物理といった自然科学系の両方ともに、高校3年の最後までしっかり学ぶ必要がある。第2に、CAS科目に見られるように、社会への貢献という要素を非常に重視している。第3に、芸術も2年間を通じて学ぶ項目として6グループ群の1つを構成している。日本では音楽・美術といった芸術系の科目は大学試験に関係ないことが多く、高校3年生までやり続けることは少ないだろう。

③大学において必要なスキルを身に着けている

近年多くの日本の大学では、「初年次教育プログラム」というものを設置している。その中身は論理的思考力を養う授業、ライティングスキルを学ぶ授業、そして学び方を学ぶ授業といった、高等教育を受けるうえでの基本的な内容が多い。IBDP取得者はこれらのスキルをDPプログラムの中で全てトレーニングされており、大学での学びと研究をするうえでより理想的な形でスタート台に立っていると言える。

●グローバルに通用する

④燃え尽きない学びに対する態度

皆さんの中には大学受験合格後、ある意味学びに対しては燃え尽きてしまい、大学ではサークルやスポーツ、バイトに費やしたという経験はないだろうか。受験勉強が自らの問題意識と興味に基づいた学びではなく、脳への強制的な知の注入であったのであれば、その反動はある意味当たり前といえよう。

一方で探求型のアプローチをとるIBの学びは、一生涯学び続けるLife-time learnerを生み出すプログラムともいえる。実際、社会に出てからわかることは、社会人になっても自己の実現のためには学び続けなければならない、ということである。学びに対する能動的な態度が備わっていること、そして自己実現のためにのどのようなアプローチで学ぶべきかを体得していること、これらはIB卒業生のその後の長い人生の財産となるだろう。

以上4点を指摘した。さて日本は大学全入時代になったとはいえ、一流大学への入学は今後も容易ではなく、引き続き子どもたちはかなりの時間を受験勉強に費やすことになるだろう。しかし、同じ時間を大量の知識を詰め込むことに費やすか、探求型・全人型アプローチでの教育に費やすかでは、その後の人生に与える影響は大きく違ってくるだろう。今後日本でもIB卒業生への門戸が広く開かれようとする中で、どのような時間を過ごさせたいだろうか。

模範とする答えがますます見えず自ら創り出すことが求められる21世紀を生きる日本の若者にとって、IBが日本で広がってい行くことは大きな意義があるだろう。そして、本書のテーマである「グローバルに活躍できる異能」は、このような道で開花しやすいのではないだろうか。

参考文献：
国際バカロレアホームページ　http://ibo.org/
文部科学省ホームページ　http://www.mext.go.jp/a_menu/kokusai/ib/
「国際バカロレア（IB）の教育とは？」International Baccalaureate
公式ガイド　www.ibo.org/globalassets/publications/what-is-an-ib-education-jp.pdf
「DP　原則から実践へ」International Baccalaureate 公式ガイド

2）コラム：私と国際バカロレア――国際バカロレアアジア太平洋地区委員、東京インターナショナルスクール代表、（財）世界で生きる教育推進支援財団理事長　坪谷ニュウエル郁子 氏

〈著者紹介〉イリノイ州立西イリノイ大学修了、早稲田大学卒。1985 年「イングリッシュスタジオ (現 : 日本国際教育センター)」設立を経て、1995 年「東京インターナショナルスクール」を設立。同校は国際バカロレアの認定校。その経験が評価され、2012 年、国際バカロレア (IB) 機構アジア太平洋地区の委員に就任。文部科学省とともに、教育の国際化の切り札となる国際バカロレアの普及に取り組んでいる。2014 年 12 月 日本における国際バカロレア教育の民による普及の原動力とすべく「世界で生きる教育推進支援財団」を設立し、代表理事に就任。

　私は 1985 年に足掛け 9 年の米国滞在から帰国後、「I am special, You are special」（自分が存在する奇跡は全ての事象に支えられている）という概念を子どもたちに英語で教えたいと思い立った。英語も全くわからない子ども達に「自分って何だろう？」を英語で教える独自のカリキュラムを用いて、子ども達に教え続けた。しかしやがて都内で 3 校の小さい学校を経営するようになった頃、縁があって結婚。妊娠。幸運なことに 2 年続けて二人の娘に恵まれた。そして上の娘が 3 歳になった時に、寺小屋の 1 室、5 人の生徒で幼稚園を開園。娘の成長に合わせて年長クラスからは、名称も『東京インターナショナルスクール』に変えて小学校、中学と作っていった。集まって来た生徒達は、日本に 3 － 4 年滞在する駐在員の子ども達が大半だった。そこで、国際的に通用するプログラムの採用を目指すにあたり出会ったのが、小学校を開校する前年に

● グローバルに通用する

出来たばかりの国際バカロレア(IB)の初等科プログラム(PYP)であった。

6つの科目横断テーマにおいて、10のIB学習者像への成長を目指して学際的に学んでいくプログラムは知れば知る程、正にそこには学びの喜びがあった。東京インターナショナルスクールも初等科においてPYP、続いて中等科においてMYPとIBの認定校となった。その後も管理者、教員、職員、保護者も含む学校のコミュニティー関係者一同が自らIBを学ぶ一員として取り組み続けている。現在では50カ国以上、360名の生徒が学んでいる。また開校のきっかけとなった二人の娘達は、まだ世界でもめずらしいPYP、MYP、DP、3つのプログラムの修了生でもある。

現文部科学大臣の下村先生から月に一度、先生の部屋に集まり教育改革の案を練る勉強会に誘われたのは、2008年の冬であった。翌年、私が2回に渡ってプレゼンさせていただいたのが、「国際バカロレアの日本導入、それが起爆剤となっての教育改革」であった。IBの導入により、初等中等教育の指導、学習の手法が変わるのみならず、輩出される人材の質の違いから大学の入学選抜方式が変わる。また、現行の学習指導要領外の教育にも選択の道を広げることができる。と言った主旨であった。「それでは坪谷さんの学校を見に行こう」と下村先生と勉強会のお仲間が学校を訪問してくださり、「坪谷さん。日本も近いうちにこういった教育を提供する学校を増やしていけるよ。」と下村先生はおっしゃってくれた。私はそのために出来ることがあれば、頑張ろうと心に誓った。

国際バカロレアは、世界を3つの地域にわけて運営されている。まず一つはロシアも含むヨーロッパ、中東、アフリカ地区、もう一つは米州（北米、南米）、そして日本が所属するアジア太平洋地区である。それぞれの地区には地区統括がおり、その統括をサポートするためのカウンセル（委員会）がある。アジア太平洋地区の委員長から連絡があった

のが、2012年春であった。『日本政府がIB教育を日本の教育に導入することを考え始めているらしい。ついては、委員に就任して力を貸してくれないか』との思いがけない申し出であった。私はすぐ様、下村先生に相談に行った。先生は「私が大臣になった暁には最大限の協力をする」とおっしゃってくれた。私の心は決まった。そして、その年の12月に下村先生は大臣に就任された。

　翌13年の3月16日、IB本部のあるオランダのハーグは大雪であった。その中、IBと文科省とで交わされた合意書の内容の画期的な点は、大学入学準備コースのDPにおいて、多くの科目を日本語で受講でき、日本語で最終試験を受けられるという点であった。安倍内閣も6月にはIB校を2018年までに200校という目標を閣議決定。そこで、私もまずは国内大学の入学審査にてIBスコアの導入を鑑みるという最大課題の解決のために「国際バカロレア日本アドバイザリー委員会」（委員長　藤﨑一郎氏）を設立した。大きな分岐点は10月の教育再生実行会議の第4次提言において「大学は、入学者選抜において国際バカロレア資格及びその成績の積極的な活用を図る。国は、そのために必要な支援を行う」と明示されたことにある。その他の課題（外国人教員特別免許緩和、学習指導要領との読み替え、教員養成）と共に一応の解決策を見いだし、下村先生に報告書を手交できた。これはひとえに委員長及び委員にご就任くださった皆さんと文科省の皆さんのご努力のお陰である。結果として、現在、日本の主要大学においてのIBスコアの積極的な活用の実施及び実施計画は毎月増え続けるばかりである。これで最大の課題は解決できた。

　次の課題は、実施希望校及びIB教育を望む生徒達に対しての支援である。IBには、世界統一の卒業試験がある。それも12日間に渡って実施される非常にアナログな試験である。世界中に外部審査官は実に5000人もいる。その試験料が一人820ドルかかるのである。高い。ま

た数学の授業では特殊な電卓も必要だ。教科書がない代わりに読む副読本の数は半端ではない。できれば自分のパソコンだって必要だ。それでは試験代を、副読本を、電卓を用意できない生徒達はIB教育を受けられないのか。経済格差が教育格差になってしまって良いのか。それが一つ目の問題である。次の問題は、外国人教員採用の難しさである。教員のトレーニングもしかりである。

それらの問題を解決するために設立したのが、世界で生きる教育推進支援財団である。11月に役員の先生方にご協力いただいて設立し、同時にHPも開設した（http://www.sekaideikiru.com/）。

個人の会員が2万人集まり、年間5千円の会費を払ってくれれば、日本中200校のIB認定校において世帯収入が500万円以下の家庭の生徒全員が何の心配もなく、IB教育を受けることができる。そして、実施校のスタートアップのコストの肩押しの手助けも出来る。教員に対するトレーニング代に使うのも良し。外国人教員の採用費用に使うのも良し。また、副読本や電卓などの貸与も財団で引き受けるつもりだ。民のチカラが200の学校を支えるのである。国は個人に対しての財政補助はしない。生徒の教材や機材も教員のトレーニングも個人に対する財政補助と見なされる。

財団の概要

名称	一般財団法人世界で生きる教育推進支援財団
設立日	平成26年11月4日
設立者・代表理事	坪谷ニュウエル郁子
ホームページ	http://www.sekaideikiru.com/
趣旨	当財団では、国際バカロレア(IB)を導入する学校の支援やIBを受ける子供たちに対して世帯の収入に応じた支援を行い、経済格差が教育格差とならないよう、子供たちが望めば、誰でも世界標準の教育を受けられる社会を実現します。
支援内容	・IBを導入する学校への支援 ・IB教育を受ける子供たちへの支援 ・外国人教員を含むグローバル人材の活用支援

2017年の春。世界中から1500名のIB教育者達が日本に集まる。1000名はアジア太平洋から、そして500名は世界中の学校のヘッドが集結する。私はその時までに、民のチカラが教育を支えている強い組織にしていきたいと思っている。民のチカラが積極的に世界標準の教育を実施する学校を支持し、そして経済格差を心配せずに生徒達は増えた選択肢の中から自由に自らの意思で教育を選択することができる。そんな社会にしていきたいと思うのだ。今後は、IB教育にとどまらず、世界標準の教育がどんどんと日本でも取り入れられていき、それらから選択できる時代が来ることが望ましいと思う。私は日本人の民意は十分に高いと思っている。今こそ民のチカラを結集し、皆の手で教育を支えていこうではないか。

3）インタビュー：スイス・ベルン国際学校名誉校長 ケビン・ペイジ 氏

〈インタビュイー紹介〉Kevin Page：ニュージーランド出身。イギリス・スイス・オーストリア・ドイツのインターナショナルスクールで教鞭をとる。この間、国家の規定するカリキュラムではない国際的な初等教育カリキュラムを構築する活動（後にIB PYPを形作ったISCP）に深く関与した。スイス・インターナショナルグループ（SGIS）、欧州インターナショナルスクール連盟（ECIS）、Academy of International School Heads(AISH) のボードメンバー。

――あなたは国際バカロレア（IB）がIB PYPプログラムを開発した時の中心メンバーの一人でいらしたと伺っています。IBはどのような人材を育成したいと考えているのでしょうか？

IBが念頭に置いているのは、生涯にわたって学習し続ける人です。BBTでも、18歳以降を対象にした連続的な教育プログラムによって、この考えを推し進めていらっしゃいますね。これはまさしく4つのIBプログラムに続くものともいえます。IBプログラムの範疇でわれわれ

が考えているのは生涯学習者で、学生、教師、成人であれ生涯にわたって学び続ける人です。高等教育を終えた後も、本人がもっと知りたいという思いから学習へと導かれ、興味のある分野をさらに深めていくような人物です。IBは世界的視野をもって、地域、国家および世界を理解する人たちを育成しようと努めています。文化的意識があり、耳を傾け、学び、理解しようとし、洞察力があり、独善的ではない人。こういう人は、地球上の我々の生活をより良くするために、リスクを恐れず難題に取り組む人になるでしょう。

ここでIBのミッション・ステートメントを見てみましょう：

「国際バカロレアは、多様な文化の理解と尊重の精神を通じて、より良い、より平和な世界を築くことに貢献する、探求心、知識、思いやりに富んだ若者の育成を目的としています」

「IBのプログラムは、世界各地で学ぶ児童生徒に、人がもつ違いを違いとして理解し、自分と異なる考えの人々にもそれぞれの正しさがあり得ると認めることができる人として、積極的に、そして共感する心をもって生涯にわたって学び続けるよう働きかけています」（以上、公式ガイドの日本語訳より）

これは、生徒が卒業時に備えるべき人間像を要約したものといえます。

——IBが育成したい人材像について掘り下げたいのですが、IBが育成を目指しているのは、例えるなら大規模で安定した企業におけるリーダーなのでしょうか、または変革者・起業家タイプなのでしょうか？

学習者は、多国籍企業のリーダーになるかもしれないし、あるいは、人生の過程において変革者になる可能性もあります。IBが定義する「IB学習者像」を参照してみて下さい。この「学習者像」は、IBが学生のみならず、教師や一般地域社会に求めているものを要約しています。全人的学習、異文化への認識とコミュニケーションといった点は学習者像

の「バランスの取れた人」「心を開く人」「コミュニケーションができる人」と関連しています。変革者や起業家に必要な学習者像の特質は、安定した大企業のリーダーでも同様に必要な特質でもあります。違いがあるとすると「挑戦する人 (Risk-takers)」の特質でしょうか。大企業では株主利益とのバランスを考えることが必要でしょう。結論として、世に出たIBの学生は、リーダー、起業家、変革者になるいずれの特質も有しているといえます。イノベーションから創り上げられた基盤を構築し世界に変化をもたらすのは、内的な自我、内的な動機づけといったものによるでしょう。IBはそのミッション・ステートメントにあるように、一生涯学び続け、そして人間一人一人の違いを理解できる人の育成を目指しています。他の人たちとの違いを理解することを通じて、建設的な変化が生み出されます。

――あなたの長期にわたるIB教育のご経験から、特にどのような領域においてIBの学生が優れているとお考えでしょうか？

IBの学生たちは、世界に出る備えができています。かれらは学習の対象であった、世界の人々、世界の課題や資料に関する深い理解があります。ディプロマプログラム（IBDP）において、学生たちは広範でバランスのとれたカリキュラムで学んでいます。必須科目の「知の理論（TOK, Theory of Knowledge）」、「課題論文 (EE, Extended Essay)」と「創造性・活動・奉仕（CAS, Creativity, Action, Service)」が、より広い有益な経験を学生たちに与えます。そして、自分たちの知識と理解を現実社会の文脈で応用するように促します。学習した分野における深い知識と技能により、かれらは進学した大学での学習にも、あるいは、その後の職業人生での応用にも、十分な備えができた状態になります。かれらが学習する教科は、科目グループ6つの中から、2カ国語、および、科学、数学、人文科学を1科目ずつ含んでいなければなりません。

またIBDPの学生は、学際的な学習がすべてのIBプログラムの必須

要素となっていることもあり、教科間の結びつきを意義あるものとすることができます。知の理論（TOK）科目は、各専門分野を結びつけた議論を行う機会を提供し、学生たちに現実の世界を理解させます。

IBプログラム特有の強みによって、IBの学生たちは大学で学業を遂行する準備と能力が備わります。かれらは期待に応え、課される大量の課題をこなし、時間をうまく管理することができます。このことを示す私が関わった事例をお話ししましょう。ある学生が、大学入学後一週目に出た課題を、翌月曜日に指導教授に提出しました。教授は驚き、そして「あなたはIBDP出身なのでしょうね？」と尋ねたというのです。学生は「はい。でもなぜそのような質問をなさるのですか？」と答えました。その時の教授の答えは、「IBDPで学んだ学生でなければ、こんなによく訓練されたやり方で課題をこなせないはずだから」であったということです。

これは、IBプログラム全般に通じる例と言えます。とりわけ課題論文 (Extended Essay) は、学生たちが高等教育の世界で成功することに寄与しています。他の高度な技能に加え、学生たちは非常に発達したリサーチスキルを有しています。

——日本の教育は良いマネージャを輩出する事にはすぐれていますが、起業家や先駆者を育てるにはあまり適していないように思います。

それは日本の教育が、探求することよりも、事実の機械的な暗記と既知の事実への応答に重きを置いているからと言えます。自由な精神の持ち主は、結果が明白な実験をしません。そのために失敗しますが、その失敗から前進するのです。アメリカの作家ジョン・ジェイ・チャップマンが「すべての進歩は試行錯誤から生まれる」と言ったように。

あるいは、The Deeper Learning (Hewlett Foundation) による次の声明は、これをさらに前面に打ち出しているかもしれません。

「これらの学生が行っているのは、より深い学習です。つまり、知識や技能を現実に適用できる形で使っているのです。かれらは、読み書き、数学、科学といった、学術的に核となる内容をマスターするだけでなく、クリティカルシンキング、協働、コミュニケーション、学習自己管理、そして自分を信じること（『学究者の心構え』として知られる）の方法論を学んでいるのです」

「心とは満たされるべき器ではなく、燃やされるべき炎なのだ」−ギリシャの歴史家プルタークの言葉です。IBプログラムは、このプルタークの言葉を成就しようとしているのだと、わたしは思います。内容理解や暗記を中心とするのではなく、知識、理解、それを応用するスキルを提供し、さらなる知の探求への原動力を与えようとしているのです。

——**少子化や高齢化などに直面して、日本の未来は明るくありません。私共はこの状態をブレークスルーするために（ご存じの通り、われわれの会社名は「ビジネス・ブレークスルー」です）、日本のパラダイムを変革できる若者たちの育成に大きな関心があります。IB教育はこのことに役立つのでしょうか？ そしてどのようにして？**

多くの先進諸国同様に日本社会は、出生率低下の問題があり、少子化と高齢化に直面しています。退職年齢を延期する必要が生じるでしょう。このことは多くの国が達成しようとしていることですが、それと並行して、社会全体の利益をもたらすアイディアを生み出す起業家精神を持った若者が望まれます。これに対して、IBプログラムはどのように役立つでしょうか？ まず「IB学習者像」の次のキーワードに目を向けてみましょう。「探求する人」「考える人」「コミュニケーションができる人」「挑戦する人」「知識のある人」「道義心のある人」「思いやりのある人」「心を開く人」「バランスの取れた人」そして「振り返りがで

●グローバルに通用する

きる人」。IBが重視するこれら10の人物像（プロファイル）は、個人およびグループが、地域、国家、およびグローバル・コミュニティの責任あるメンバーになる事を助けます。そして、これはまさしく日本が若者たちに期待していることです。すなわちこの国が求めているパラダイム・シフトをリードできる変革者です。この国の才能ある人びとを有効活用し、彼らが対峙するマーケットや様々な文化圏を深く理解して、世界で競争できるようになるために。

——知識の獲得に重きを置く日本の教育と違って、IB教育はそれを軽視しているのではという懸念を懐く親がいますが、どのようにお考えですか？

IBプログラムと他の多くのプログラムとの違いを際立たせているものは、知識獲得へのアプローチです。教師が学生に知識を伝達するのではなくて、学生たちは学習に対する姿勢を通じて知識を獲得しています。IB学習者像を振り返っていただければお分かりのように、IBプログラムにおいてわれわれは知識ある学生たちを育成していますが、それだけでなく、前述の10のIB学習者像の中でも、「考える人」「心を開く人」「探求する人」といように知識を活用できる学生を育成しているのです。

——また時として、IB教育またはインターナショナル・スクールの教育はあまりにも「インターナショナル」、または「西欧化」し過ぎており、日本の国籍を持つ者としてのアイデンティティを失うのではないか、と懸念する親もいます。あなたの見方から、これに同意されますか、または異議がありますか？

IBディプロマ・プログラム（IBDP）が60年代後半にインターナショナル・スクールの枠組みで書かれたこと、またミドル・イヤーズ・プロ

グラム (MYP) およびプライマリー・イヤーズ・プログラム (PYP) も、アングロサクソンもしくは西欧のバックグラウンドをもったインターナショナル・スクールの教師たちによって作られた事実が、そのような見方の裏付けになっています。しかしこれら3つのプログラムは、実のところ、地域もしくは国家的観点をとりいれる余地と機会を持っています。また各学校は、その地域の環境を考慮して教科プログラムを開発することを期待されています。教師は指導計画を作成していきますが、IBスクールで働く日本の教師たちは、結果として、世界を見る際に日本的な視点を指導計画にとりいれることができます。IB プログラム、とくにプライマリー・イヤーズ・プログラム (PYP) とミドル・イヤーズ・プログラム (MYP) は、指導内容を規定するものではありませんから、グローバルな見地からの地域的または国家的視座を排除しません。ディプロマ・プログラム (DP) は、そういう意味では異なります。DP は学生に外部卒業試験を受ける準備をさせるものであり、科目の中身にその要素が組み込まれる必要があります。IB プログラムが国の教育システムに広く行き渡るにつれ、ＩＢプログラムがその国の教育システムにあたえる影響がより大きくなります。

――PYP についての質問です。PYP には以下の、「6件の教科横断的テーマ」がありますが、これは少し抽象的な感じがするのですが。
 ＊私たちは誰なのか
 ＊私たちはどのような時代と場所にいるのか
 ＊私たちはどのように自分を表現するか
 ＊世界はどのような仕組みになっているか
 ＊私たちは自分たちをどう組織しているのか
 ＊この地球を共有するということ

 われわれは、私たちを取り巻く世界をよりよく理解し、探求する機会

●グローバルに通用する

を持っています。PYPは、探求を基本とする全人的なプログラムであることを思い起こしてください。ＰＹＰのこれら６つの「教科横断的テーマ」は、国際教育プログラムの柱として不可欠のものです。これらのテーマは、多くの議論や話し合いの結果出来上がってきたものですが、アーネスト・ボイヤー博士の提言する、"「美に対する反応」「集団の一員であること」といった人類が分かち合って経験している一連のテーマを学生たちに探求させる" に由来するものでもあります。

これらの教科横断的テーマを通して、学生たちは探求の単元の中で世界的に重要な問題を探求し、学びます。それぞれのテーマが探求の一単元となり、初等教育の各年度で履修されます。ひとつひとつの単元には、探求されるべき特定の横断的テーマにふさわしい中心課題があります。

ある一単元を見てみれば、次のようになるでしょう。

教科横断的テーマ——私たちはどのように自分を表現するか
探求の単元の表題——広告がもつインパクト
中心課題——広告がわれわれの考え方に与える影響とわれわれの選択
探求——広告の目的
　　　　広告の型、スタイルおよび場所
　　　　広告を有効なものとしわれわれの選択に影響を与えているもの
　　　　広告とそのターゲットグループ（この場合は学生達自身）との関係

この枠組みから、学生が行う探求の現実的、実際的な作業内容が導かれます。その際に、学生は既知の情報を与えられるのではなく、自分で学び発見するということを念頭に置かねばなりません。かれらは、われわれ大人が思いつかないような質問を発することがあります。たとえば７歳の子が、原始人に関する探求の単元で質問事項をまとめていたとき、「原始人の葬式はどんなだったのかしら」という質問をしたことがあります。これが７歳の子の関心事であると、どれだけの大人が思う

でしょうか？

　これらの単元内容を通じて、生徒は、自分にとって興味のあることを、積極的に自らの学習に取り入れます。そして生徒が、すでに持つ知識や経験と結びつけて、使えそうだ、自分と関係しそうだという関連性を見出していく事を通じて、探求の単元は生徒に関連することとして受け止められるようになるのです。結果として生徒は、既知の知識を広げ、理解を増すように促され、テーマに関する教科横断的な理解が深まっていくのです。世界は教科ごとに分割されているのではなくて、相互に関連していることを示す、というのは、こういうことなのです。

　これらの教科横断的科目を導入するにあたって8つのキー・コンセプトがあります。「形態（それはどんなものか）、機能（どうやって動くのか）、原因（どうしてそうなっているのか）、変化（どう変わるのか）、関連（他とどう関連しているのか）、見方（どういう見方をしているのか）、責任（私たちがすべきことは何か）、省察（どうしたらわかるのか）」。以上8つのキー・コンセプトは、教師にも学生・生徒にも、世の中について考え、学ぶ方法を考察する助けとなります。

　PYPにおけるすべての学習内容は、様々なカリキュラムモデルの長所についての研究から導かれています。その国の教育システムからの由来であれ、インターナショナル・スクールによって独立に発展してきたカリキュラムからの由来であれ、それぞれのモデルから共通点を見出して考察されたものです。

——**日本では、モンテッソーリが古くから知られています。そして最近はレッジョ・エミリア・アプローチを支持する人が増えています。あなたはこれらをどのように評価しておられますか？　これらとIBとを、「グローバルに通用する異能を生み出す」という視点でどのように比較しておられますか？**

モンテッソーリとレッジョ・エミリアはIB PYPの初期段階の発展に

影響を与えました。IB は幼児教育のプログラムに関して、多くの他のカリキュラム設計者や開発者とともにこの二つの教育学的アプローチに注意を払っていたからです。これらはともに、幼い子供の生来の探求心と創造性を伸ばそうとしています。われわれの教育の焦点は、子どもに目を向けること、そして、子どもがいかに言葉を覚え、自分の環境を理解していくかに着目することです。それはすべて、探求、探検、実験を通してなされます。多くの場合、探求は、子どもが教育的環境におかれたときに伸ばされます。

われわれは、グローバル社会に益するような資質と能力を持つ学生たちを求めています。探求的・創造的プログラムが実現させる「異能」人材と言えます。そのようなプログラムに共通していることとして、子どもたちが本来もっている探究心を抑えず、門戸を開きます。若者の自発的傾向を取り去るような狭い発達観や重い課題を与えたりしません。

——その他に貴殿が注意を払っておられる教育上の枠組みがありますか？

多くのインターナショナル・スクールが参画する、幼児教育・小学校・中学校まで、3 歳から 16 歳までをカバーしたフレームワークがあります。この「Common Ground Collaborative」というプログラムは、その開発段階から関係する学校の協同作業によって作られたものです。IB の PYP が、International School's Curriculum Project (ISCP) を前身として、3 歳から 12 歳の子供を対象に探求をベースにした学習プログラムを作るために、世界中のインターナショナル・スクールの小学教師と監督者の協力により開発されたように。

Common Ground Collaborative は、単純で柔軟性のある方法で学習能力を高める一貫した枠組みであると紹介されています。それはまた、生活空間の設計と職業教育のアプローチを考慮しています。その枠組みは、本質を把握する力と自己を知る力を基礎としたフレームワークを有

しています。また、同じ関心を持つ者同士の協調学習についても論じています。

わたしはまた、学習および教育を左右する趨勢、風潮の全体像を把握するために、国家規模のカリキュラムやプログラムにも目配りしています。たとえば、English National Curriculum、米国の Common Core Standards、および New Zealand National Curriculum などです。これらの多くは、言語から宗教まですべての科目を取扱う包括的なカリキュラムとなっていますが、中には、どのような学校システムでも教えるべき広範囲の科目をカバーしていないものもあります。English National Curriculum は、各年齢区分においてすべての生徒に教えるべき科目の中身とのセット・プログラムです。米国の Common Core は、英語、美術、読み書きおよび数学のセットで、幼稚園から高校3年生までの標準セットです。New Zealand National Curriculum は、達成目標と原理を明確に定義した上で、洞察力、価値、鍵となる能力、学習目的を記載しています。いずれのカリキュラムやプログラムも、教育庁や教育大臣が定める、政府主導の国家的要求を反映する教育研究の進歩を考慮に入れています。

これらの多くのカリキュラムやプログラムは、基本原理として、ハーバード大学の Project Zero からの影響または概念を有しています。これは、同大学教育大学院の教育研究グループです。Project Zero は、子供、成人および組織の学習プロセスの進展を検証しています。その研究は、知性、理解力、思索、創造性、倫理および人間が持つその他の側面の特質を調査することも含んでいます。その中には、「考える文化」「学習の未来」「教科横断的でグローバルな研究」などのプロジェクトがあります。この分野のリーダーたちは、ハワード・ガードナー (MI 理論)、ロン・リッチハート、スティーブ・シーデル、デイヴィッド・パーキンス、ベロニカ・ボア・マンシーラ等です。

◉グローバルに通用する

——グローバルに通用する異能についてのあなたの定義は？

IB学習者像を熱心に唱導し、人々が必要とするものを理解する人は、社会へ建設的に貢献する人であり、文化的な意識の高い人です。わたしは先ほど申し上げたことに話を戻そうと思います。われわれが目を向ける異能とは、われわれのグローバル社会にとって恩恵となる品性と能力を持った人です。かれらはIB学習者像の特質の多くを身につけ、グローバル社会の建設的発展に、その特質を活用して貢献します。

——IB教育はグローバルに通用する異能を生み出しますか？

IBプログラムは、IBのミッションとビジョン、学習者像に反映された教科横断的アプローチを通じて、異能に定義されるものすべてを内包しています。「すべてのIBプログラムは、国際的な視野をもつ人間の育成を目指しています。人類に共通する人間らしさと地球を共に守る責任を認識し、より良い、より平和な世界を築くことに貢献する人間を育成します。」という（公式ガイドの）言葉を思い出してください。

＊〈以下は、このインタビュー（和訳）の原文です〉

I heard that you have been a core member when IB developed IB PYP program. What kind of person would IB like to produce essentially?

The IB talks about a life long learner, and if you look at BBT they are building exactly that with their programme of continued education beyond age 18, which follows on from the 4 IB programmes. Within the IB programmes we talk about the life long learner, that the student, the teacher, the adult are continuing the process of learning through out their life. This can be through courses after tertiary education developing more depth in an area of interest, being lead into learning through your own children wanting to know more. The IB is looking to develop people with a global perspective, an understanding of local, national and global. A person who is culturally aware, who listens, who wants to learn and understand, is perceptive, and not dogmatic. This person would take on challenges, be a risk taker working to improve the conditions of life on our planet.

Let's look at the IB mission statement:

"The International baccalaureate aims to develop inquiring, knowledgeable and caring young people who help create a better and more peaceful world through intercultural understanding and respect."
"These programmes encourage students across the world to be come active, compassionate and lifelong learners who understand that other people, with their differences, can also be right."

This encapsulates the type of person the International Baccalaureate wants to see as a graduate of its programme.

Would what IB wants to produce be a leader in a large and stable corporation, or change-maker or entrepreneur type?

The learner could be a leader in a multinational corporation, a change-maker in any walk of life. I would once again refer back to the IB Learner Profile as this encapsulates much of what the IB is looking for not only from the student, but also from the teachers, and the community at large. The holistic learning, intercultural awareness and communication which are linked back to the learner profile, especially in attributes such as 'balanced', 'open-minded', and 'communicators'. All attributes that the change maker and entrepreneur would be seeking alongside the leader in a large stable corporation. Where they differ would be in the attributes of 'risk takers' an area that a large corporation needs to balance with its shareholder interest. All in all the IB student upon entering the world has all the attributes to be a leader, an entrepreneur and a change-maker. It would be the inner self, the inner drive that would make the difference, for in our world we need all to innovate, to then take innovation to the platform that can build on the innovation. All the time the IB, as in its mission statement, is striving for lifelong learners and people who understand differences and how these differences can build understanding. Through the understanding of other people and their differences a positive change can be brought about.

From your long-term experience with IB, which areas are IB students especially good at?

IB students are prepared for the world, they have deep understanding of people, issues and the material they have studied. In the Diploma Programme the students have been exposed to a broad and balanced curriculum. Here the core requirements of theory of knowledge (TOK), the extended essay (EE) and the creativity, action and service (CAS) provide for a broader educational experience and challenge the students to apply their knowledge and understanding in real-life context. Through the depth of discipline-specific knowledge and skills they are well prepared for their chosen university programme of study and for use in their choice of professional life. The balance of subjects must contain, two languages, a science, mathematics, and a humanities course out of the 6 subject groups they are to choose from. An IB DP student makes meaningful connections between disciplines as interdisciplinary learning is an essential element of all the International Baccalaureate programmes.

The ToK course in providing a forum for discussion linking academic disciplines brings real world understanding to the students.

As a result of the strengths inherent in the IB programmes, IB students stay in college or university being more able, prepared to persist with their studies. They are better able to cope with demanding workloads, manage their time and to meet expectations. An example of this related to me by a student who during her first week at university began her assignment and on the following Monday handed it in to her professor. His reaction was one of mild surprise and then he asked the following question, in a rhetorical manner " you studied the IB DP, didn' t you". To which the student replied, "Yes. Why do you ask?"

His response was " Only an IB DP student would be able to work in this disciplined manner".

This is an example of the preparation of the IB programmes in general, and the Extended Essay in particular, in helping students to be successful in higher education. Amongst other high level skills they have highly developed research skills.

In a way Japanese education might have been good at producing good managers, but not good at producing entrepreneurs or pathfinders.

This could be in the way Japanese education has been structured with a greater focus on the regurgitation of facts and responding to the known presented rather than by inquiring. A free spirit, working outside of the proverbial box experiments, makes mistakes and from these mistakes moves forward, as John Jay Chapman, an American writer said "all progress is experimental".

Or maybe this statement from the Deeper Learning Hewlett Foundation brings it more to the front

"These students are engaged in deeper learning—which means they are using their knowledge and skills in a way that prepares them for real life. They are mastering core academic content, like reading, writing, math, and science, while learning how to think critically, collaborate, communicate effectively, direct their own learning, and believe in themselves (known as an "academic mindset").

"The mind is not a vessel to be filled but a fire to be kindled." Plutarch, Greek historian

I feel the IB programmes strive to fulfill Plutarch's statement. They are not content and rote driven, but are working to provide knowledge, understanding and the skills and the drive to seek more knowledge.

> Japan's future is not really bright facing the decline in the number of children, aging of society etc. To breakthrough this (as you know Business Breakthrough is our company name) we are very interested in producing young people who can change the paradigm of Japan. Does IB education help this? And how?

In many ways Japanese society is like so many in the developed world with its lower birthrate, therefore declining numbers of children and an aging population. What will happen will be the need to increase the retirement age, which many countries are struggling to achieve and alongside that have an entrepreneurial spirit with young people bursting with ideas that can be developed for the benefit of all. How would the IB programme help? We can start by looking at the Learner Profile and the key words; inquirers, knowledgeable, thinkers, communicators, principled, open-minded, caring, risk takers, balanced and reflective. These 10 attributes the IB believe can help individuals and groups become responsible members of local, national and global communities. And this is surely what Japan is looking for from its young people. These are the change makers, those who can lead the paradigm shift that the country is looking for, to be able to capitalize on its pool of talent and to compete globally with a deeper understanding of the market place and the various cultures that their leaders will be working in.

Some parents show concerns that, unlike the Japanese education, which weighs heavily on knowledge acquisition, IB education tends to make light of such aspect. What do you think?

It is the approach to knowledge acquisition that signifies the difference of the IB programme to many other programmes. The teacher is not delivering the knowledge to the student, but the students are gaining knowledge through the approaches to learning. It you refer back to the IB learner profile we are, in the IB programmes, developing knowledgeable students, but not only that it is developing students who can use this knowledge as they are thinkers, open-minded people and inquirers amongst all the 10 attributes of the IB Learner Profile mentioned above.

Also parents sometimes tell us that IB education or International school education is too "international" or "westernized" and hence might lose identity as Japanese or his/her nationality. From your view do you agree or disagree?

The fact that the International Baccalaureate Diploma Programme (IBDP) was written within an international school structure in the late 60's and the Middle Years Programme (MYP) and Primary Years Programme (PYP) were also developed by international school teachers, many of whom have an anglo-saxon or western background lends credence to this view. However within the three programmes there is room, in fact an opportunity for, local or national perspectives. It is expected that schools build their programmes of work taking into account the local environment. Teacher are involved in building their units of work and as a result teachers in Japan working in IB schools can bring into their unit planners a Japanese perspective from which they can look at the world. The IB programmes, especially in Primary Years Programme (PYP) and Middle Years Programme (MYP) are not prescriptive and therefore do not preclude local or national points of view in a global perspective. The Diploma Programme (DP) is different in that it is preparing the students for an external exam and clearly parameters have to be set in the subject content. With the IB programmes becoming more and more prevalent in national systems there is a greater influence from these systems

> **Question about PYP. We learned that in PYP there are "6 transdisciplinary themes"- for many people it may sound a little abstract.**
> *Who we are
> *Where we are in place and time
> *How we express ourselves
> *How the world works
> *How we organize ourselves
> *Sharing the planet

Here we have the opportunity to inquire, to develop understanding of the world around us. Remember the PYP is an inquiry based, holistic programme. These 6 transdisciplinary themes are essential in context of a programme of international education. They come from much debate and discussion, coming from the work of Ernest Boyer who proposed that students explore a set of themes that represent shared human experiences such as "response to the aesthetic" and "membership in groups". They are the "core commonalities".

Through these transdisciplinary themes students inquire into, learn about globally significant issues in the context of these units of inquiry. As each theme drives a unit of inquiry, of which 6 are studied in each year of their primary education. Within each unit is a central idea relevant to the particular transdisciplinary theme that is to be inquired into.

A unit would have the;
Transdisciplinary theme – How we express ourselves

A title for the unit of inquiry – The impact of advertising
A Central idea – Advertising influences how we think and the choices we make
An inquiry into ——The purpose of advertising
　　　　　　　　　The types, styles and location of advertisements
　　　　　　　　　The devices used to make advertising effective and to influence our choice
　　　　　　　　　The connection between advertising and the target group, in this case the students themselves

From the abstract comes the actual, the practical work and the focus of the study the students will be involved in.
It must be remembered the students are studying and finding out, not being given information they already know. They have the opportunity to ask questions we as an adult would not think about e.g. a 7 year old when the class was building the inquiry into questions on their unit of inquiry on early people. His question was "what were the funeral rites of the early people". How many adults would have thought that this would be of interest to a 7 year old?
As a result these units become engaging for the student because they are of interest to them and involve them actively in their own learning. They have relevance to the student because they are linked to their prior knowledge, experience and in a context of currency and connection. As a result the student is challenged to extend their prior knowledge and to increase their understanding. Which brings about significant understanding of the transdisciplinary nature of their theme. It is all about making connections and demonstrating how the world is not boxed into subjects but interconnected.

Leading into these transdisciplinary themes are the eight key concepts – form, function, causation, change, connection, perspective, responsibility and reflection. These key concepts help both the teacher and the student to consider ways of thinking and learning about the world.

All the work in the PYP has come from studies of the strengths of curriculum models that were analyzed to find a consensus on concepts in these different models whether they were from national systems or from the curriculum that had been developed independently by international schools.

> **In Japan, Montessori is known for a long time. And recently there are more advocates of Reggio Emilia Approach, though R.E. itself has a long history. How do you evaluate those? How do you compare those with IB with the viewpoint of " How to produce world-class prodigy"?**

Montessori and Reggio Emilio have influenced the development of the early years section of the IB PYP as IB has paid attention to these pedagogical approaches, along with a number of other curriculum designers or developers, in relation to their early years programmes. They are all looking to develop the natural inquiring mind and the creativity of the younger child. Our educational frameworks should be looking at the child and how he/she develops, their language, their understanding of their environment. It is all through inquiry, exploration and experimentation. In many cases the inquiry becomes guided when it is transformed into an educational environment.

We are all looking to have students who have qualities and abilities that will be of benefit to our global society. That is the 'prodigy' that inquiring, creative programmes are enabling. They are opening the door, and not closing it to stifle the natural inquisitiveness with in the child. That is what these programmes have in common. They do not provide a narrow development view and heavy content delivery that takes away the spontaneous leaning of the young person.

Do you have any other educational frameworks you are paying attention?

A number of international schools are working on a framework covering Early Learning, Elementary and Middle School, or the age range of 3 years to 16 years. This programme "Common Ground Collaborative" has in its development been a collaborative effort by the schools involved, somewhat like the International Baccalaureate (IB) Primary Years Programme (PYP) was developed in its precursor form as the International School's Curriculum Project (ISCP). This was a collaborative effort by elementary school teachers and administrators from international schools around the world to produce an inquiry based programme of study for ages 3 years to 12 years.

The Common Ground Collaborative describes itself as a coherent framework to develop learning capacity in ways that are simple and flexible. It also takes into account the design of living spaces and approaches to professional learning. It has a framework that builds on conceptual learning competency and character learning. It talks about learning in context of connected learning.

I also keep in view national curriculum and programmes such as the English National Curriculum, the Common Core Standards in the USA, and the New Zealand National Curriculum to keep a perspective on directions and trends that will influence learning and teaching. Many cover a complete curriculum taking in all subjects from Language to Religion, and others are not as complete in their coverage of the broad range of subjects that are to be taught in any school system.

The English National Curriculum is a set programme of study with key stages and subject content for subjects that should be taught to all pupils.

The Common Core in the USA is a set of standards for English Language Arts/Literacy and Mathematics set for K to Grade 12.

The New Zealand Curriculum has Vision, Values, Key Competencies, Learning Aims with Achievement Objectives and Principles clearly defined.

Each of theses curriculum or programmes have taken into account developments in research in education and where they are government driven national requirements as laid down by the department of education or the minister of education.

Many of these curriculum or programmes have as a basis, influence or have taken ideas from Project Zero at Harvard University. This is an educational research group at the Graduate School of Education. Project Zero examines the development of learning processes in children, adults and organisations. Its work includes investigation into the nature of intelligence, understanding, thinking, creativity, ethics and other essential aspects of human learning. They have projects such as Culture of Thinking, the Future of Learning, Interdisciplinary and Global Studies. The leaders in this work are people like Howard Gardner (Multiple Intelligences), Ron Richhart, Steve Seidel, David Perkins and Veronica Boix-Mansilla.

What is your definition of "world-class prodigy"?

A person who inculcates the IB Learner profile who understands the needs of the people, is a positive contributor to society, is culturally aware. I would return to what I said earlier. The prodigy we are looking at is a person who has the qualities and abilities that will be of benefit to our global society. They espouse many of the attributes of the IB Learner Profile and bring them into their contribution to the positive development of our global society.

異能を開花する

Do IB education "produce world-class prodigy"?

The IB Programmes through the IB mission and vision, their interdisciplinary approaches and as reflected in the learner profile encapsulate all that a prodigy would be defined as. Remember 'the aim of all the IB programmes is to develop internationally minded people who, recognizing their common humanity and shared guardianship of the planet, help to create a better and more peaceful world'.

4）才能ある生徒の力を引き出す：包括的モデル——アオバジャパン・インターナショナルスクール学園長 ケン・セル 氏

〈著者紹介〉Ken Sell：オーストラリア出身。The University of Queensland で教育学修士を取得。これまで、ノルウェーや中国深圳の IB 認定インターナショナルスクールで Head of School を歴任。2014 年 8 月に、アオバジャパン・インターナショナルスクール学園長 (Head of School) に就任

　学校が、生涯前向きに学び続けられる生徒を育てることは、実は容易ではありません。世界には拡大・縮小そして多角化といった変化の中で様々なチャンスがありますが、生徒がそうしたチャンスを掴み取るためには、学校教育にも変化が必要です。かつては（卒業後の）仕事の現場で身に付ければ良かったものにも、いまやもっと早い学習時期に修得すべきものが出てきています[1]。

　私たちは起業家精神の教育に重点を置いた「Lifetime Empowerment（生涯学び、自己に力を与え続ける。生涯学習と自己啓発）」の概念が、すべての生徒たちにとって、世界をより良く理解し、変革をリードする人材となる鍵だと考えています。

　本稿では、アオバジャパン・インターナショナルスクール（A-JIS）が、

◉グローバルに通用する

これからの世界を生きる生徒のための包括的な学習環境をどのように創出しようとしているかをご紹介いたします。デジタル・テクノロジーの発達がもたらす経済活動のグローバル化の増大とソーシャルネットワークの拡大には目覚ましいものがあります。私たちは、そうした世界において、生徒一人一人が自らの潜在能力を最大限に開花できる学習環境の創出を念頭においています。私たちの教育アプローチは、生徒たちにLifetime Empowermentの条件を備えさせること、起業家精神を持たせることを重視しています。そして能動的に学び、リスクを取り、変革をリードできる、思いやりと協調性を持った人材の育成という我々のミッションを達成すべく、カリキュラム、教授法、学習空間の改善を進めています。

Global Flow──経済要素の流通量の増大

商品、サービス、資金、人間、思想、データ等の経済要素の地球規模での流通量が、2025年までには3倍になると推定されています。A-JISは、若い世代がそうした世界を生きていくことを理解しています。デジタル・テクノロジーのインパクトについて、幾つか例をあげてみます。

・デジタル化はすべての経済要素の流通を変え、向上させる
・そうした流通量は更に増加し、世界のGDP成長にますます貢献する
・2005年から2012年の間に国境を越えたインターネット通信は18倍増加した
・地球規模の流通の中で、労働集約的商品より知識集約的商品が1.3倍の速度で成長し、ますます優位に立っている
・2008年以来、スカイプ通話時間は500％増加している
・eBayの販売者の90％は他国に輸出している
・デジタル・テクノロジーにより零細企業や個人の起業家でさえも、製品、サービスやアイディアを国境を越えて販売、調達する「ミニ多国籍企業」になることが可能となった[2]。

今日の若者にとって、「デジタル機器」の利用は至極当たり前のことになっています。彼らにとってインターネットは人的な交流と経済的取引の道具であり、その世界において彼らは消費者である一方クリエーターでもあります。しかしこれは、自分・他人および世界に対してテクノロジーがもたらす影響を、彼らが正しく理解していることを意味しません。生徒がデジタル上の「地球規模の流通」に参加するにあたり、彼らが正しい理解に基づいて社会的に責任ある判断と行動が取れる様にサポートすることが、私たち学校にとって重要になります。

Lifetime Empowerment ── 生涯学び、自己に力を与え続ける

　A-JIS は、カリキュラム、教授法、学習環境の改善を進めるうえで、その土台となる哲学として、「Lifetime Empowerment（生涯学習と自己啓発）」を促進する環境を創ろうと決めました。大前研一氏[3]が提唱する「Lifetime Empowerment」において「学習」とは、個人や集団が自らの能力を引き出す知識や技能を獲得することを通じ、自己実現力をつけていくメカニズムを指します。Lifetime Empowerment は生涯学習 (Lifetime Learning) の実現を推奨しています。もともと生涯学習の思想において、学習とは、個人そして集団が誰でも変革に貢献ができ、自由を獲得し社会とのつながりを構築する手段として考えられていました。同様に、すべての生徒たちが生涯学び続け、社会に貢献できる人材となれるよう、私たちは Lifetime Empowerment の哲学を採用したのです。

起業家的スキル

　私たちは、生徒が起業家的スキルを獲得することを通じて、「Lifetime Empowerment」の成功条件を習得すると考えています。そして、確かな起業家精神は、社会的に責任ある行動とその行動を実現する包括的な枠組みによってもたらされると考えています。

　ビジネスに関する最近の調査によれば、起業家は Lifetime Empowerment の多くの特質を備えていることが分かっています。例え

ば他者から学ぶこと、自分自身の能力や考えを信じること、革新的であり創意に富むこと、新しいアイディアを生み出し応用できること、自己啓発ができ強固な意志を有すること、目標達成のための詳細な計画をもとにイニシアチブを発揮できること、分析能力を駆使して研究・評価・意思決定ができることなどです。これらのことから、起業家精神とは社会のために責任ある行動をすること[4]を体現したアクションとプロセスである、と私たちは考えています。

カリキュラム、教授法と学習空間の整備

すべての生徒が、社会的責任を自覚し変革をリードできる為には、下図のようにカリキュラム、教授法、学習環境の改革をシステマティックでクリエイティブなアプローチで進めることが重要です。

以下、この図について簡単に説明します。

カリキュラム

前述のように、生徒は益々ボーダレスになっていく社会で生きていきます。そのため、特定の国単位のカリキュラムは、生徒の将来の利益に合致しづらくなってきています。特定の国のカリキュラムは、学習の焦

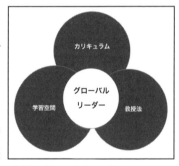

点を国境内においた内向きなものとする傾向があるからです。

他のすべての生徒と同様に、私たちの創造的・革新的な生徒も、「Lifetime Empowerment」と起業家精神の養成に適切なカリキュラムを必要としていました。A-JIS が国際バカロレア（IB）を選んだのはそのためです。IB はすべての生徒に対して、発見・創造・革新を奨励し統合する首尾一貫した学習経験を提供するからです。そして生徒に対し、増え続ける地球規模での経済要素の流通に参加するだけでなく、その意味をしっかり考えるように求めています。さらに IB は、

・生徒に対して、クリティカルシンキング（論理的・仮説検証的思考）を促し、話されたことを鵜呑みにせず批判的に考えることを促します。
・特定の政府や国家システムから独立しています。従って、国際的な枠組みやカリキュラムから最善のものを組み入れることができます。
・生徒に対して、地域環境及び国際環境の両方から考えるよう促します[5]。

グローバルリーダー・プログラム

IBのカリキュラムには、各学校の状況に合わせて学校独自の追加プログラムを開発し、運用できる柔軟性があります。この柔軟性により、私たちが独自にグローバルリーダー・プログラムを計画し、すべての生徒に起業家的資質を育成することが可能となりました。私たちは、この組織的プログラムの条件を次のように設定しています。

①学習者の利益を第一に考える
②生徒中心の学習を念頭に置く
③協調して互いに学び合う場所と空間を確保することによって、社会活動として学ぶ機会を提供する
④創造性と変革が期待される環境をつくる
⑤生徒のイニシアチブは、目的に到達するまでの詳細な計画によって支えられるものと考える
⑥生徒が、研究し、分析し、評価し、正しく判断することを期待する
⑦連続する学習経験を結びつけ、発展させる機会を提供する

私たちは、IBのカリキュラムとグローバルリーダー・プログラムを効果的に統合するために、教授法の修正、整備という継続的な取組みに着手しました。この活動を通じて、生徒がグローバルリーダーとして成功し、競争力を持った起業家であるために必要なスキルやマインドを獲得していくことを支援していきます。

●グローバルに通用する

教授法

「Lifetime Empowerment」と起業家的資質を開発する教授法を作るうえで、神経科学の研究は大変有益です[6]。

それによれば、人間の脳には以下の4種類の学習システムがあります。
① 感知したデータを処理する
② 暗記を通して知識を獲得する
③ 思想や概念を生み出し、概念枠組みを構築する、そして
④ 創造、革新することが可能である

私たちは、この4番目の学習システムが、私たちの教授法をより包括的に確かなものにすると考えます。それは「Lifetime Empowermentのための条件整備」を可能とします。また、生徒が起業家的な資質を獲得する機会をもたらし、革新を創造するために必要な新しい「知識、思想、概念および概念の枠組み」を関連づける力を育てます。4番目の学習システムは、他の3つの学習システムと比べて、生徒が学び続け、自己に力を与え続けることに対してより有効です。この側面を一層反映した教授法を開発していきます。

学習環境

私たちのカリキュラムと教授法が「Lifetime Empowerment」の条件を成立させ、生徒の創造性と革新をサポートしたならば、次に学校は、柔軟な学習環境の確保に注力することになります。それは、伝統的な工業モデルの教室ではできないというわけではありませんが、限界があります。すべての生徒が、益々ボーダーレスとなる世界の現実をよく理解し、そうした世界に貢献できる人材となるような学習環境を提供することが大切です。私たちは、生徒がデジタル・テクノロジーの影響と能力をより正しく認識できるように、オンライン学習と従来の教室での学びを組合せた「ブレンディッド・ラーニング」を体感する柔軟な学習環境を構築する予定です。柔軟な学習環境とは、互いに協力し、ネットワークを作り、パートナーシップを作っていくような空間です。教師と生徒

が、グローバルな流れに参加し、互いに共有する文化に貢献できるような場所となるでしょう。

結語

私たちは、新しい取組みを始めたばかりですが、やり遂げる日を心待ちにしています。皆さんも是非私たちの活動に加わり、お考えやご経験を共有頂けることを願っています。

脚注
1. Tony Wagner2014 Creating Innovators
2. McKinsey and Company (April 2014) Global flows in a digital age: How trade, finance, people, and data connect the world economy. 「Microwork 」とは一つのプロジェクトを構成する様々な要素の一連の作業のことである。何人かの人がそれぞれ個別の1セットのタスクに取り組む形でプロジェクトに貢献する。
3. 学校職員の集まりにおいて、大前研一氏は、アオバジャパン・インターナショナルスクールが「Lifetime Empowerment」の実現に寄与することを促した。アオバ、BBT大学・大学院及びそれ以降を含む、すべての年代の人たちに、BBTが学習機会を提供することとなったことを念頭においての発言であった。(2014年12月)
4. Byers,T. et el (1997). Characteristics of the Entrepreneur: Social Creatures, Not Solo Heroes, in The Handbook of Technology Management, Editor:Dorf, R.C. CRC Press LLC, Boca Raton, FL, 33431
5. http://www.ibo.org/en/section-benefits/why-the-ib-is-different/
6. Mark Treadwell (2014) Learning:How the Brain Learns (plV). http://www.marktreadwell.com/

● グローバルに通用する

2. 異能を育む幼少期の教育

1) 世界における幼児期の教育

　OECD（経済協力開発機構）が世界の保育を調査した報告書として、「Starting Strong（人生の始まりこそ力強く）」というものがある。これはOECDのECEC（Early Childhood Education and Care）ネットワーク参加国の幼児教育を調査したもので、2001年、2006年、2012年と数年ごとに調査報告されている。ご存じのとおりOECDは経済成長や途上国支援への貢献を目的として設立された国際機関だが、OECDが幼児教育に着目し継続調査している背景には、国の持続的な発展には幼児期の基礎教育が重要である、という考えがあるからである。つまり、幼児期の教育がその後の人生に大きな影響を与え、最終的に国の成長にも影響を及ぼすという考えである。

　幼児期の基礎教育自体は、日本でも「早期教育」の名で盛んだ。ファミリー層が多く居住する駅前では受験塾に並んで子どもの知育教室が散見されるほか、数多くの通信教育や教材が存在し、殆どの幼児が知っている教材のキャラクターもある。幼児期の子どもを持ったことのある親であれば、これらのいずれかを一度は検討したことがあるのではないだろうか。

　教育が一国の持続的な発展に重要な意味を持つということに賛同する人は多いだろう。第3章1において、本書のテーマである「グローバルに活躍できる異能」を生み出す教育手法として国際バカロレアについて詳しく紹介した。国際バカロレアは3歳から高校時代をカバーする教育であるが、ここでは更に幼児教育に的を絞って、日本から異能人材

を生み出すうえで参考になりそうな教育について、事例を中心に紹介することとしたい。

幼児教育の2系統

OECD報告書は、世界には2つの対照的な子ども観があると述べている。1つ目は、子どもには学校教育の準備段階としての基礎教育を身につけさせなければならないとするもので、言語や算数等の知識獲得を目的とした学びをさせるものである。ここでは教育は、未来への投資という意味付けとなる。日本の早期教育の多くはこちらに該当するだろう。2つ目は、子どもを一人の市民であるとみなし、その時期に幸せに生きる権利を重要視する考えである。この考えでは幼児期は市民として生きる最初の段階であり、子どもの幸せにつながる環境と、市民として生きるうえで大切な能力を重視する。これを整理したのが下の図である。

	1.	2.
子ども観	学習準備期間	一人の市民として今を生きる期間
就学前教育観	将来の成功・学校準備(レディネス)・成績結果重視	今を大事に・充実(生涯教育の基礎)・経過・プロセス重視
インストラクション	知識獲得目標を提示、達成度に従い子供を評価	子どもの遊びや能動的な活動を通じ社会性を育む
該当国群	米国・英国・ベルギー・フランス・アイルランド等	北欧諸国・ニュージーランド・オーストラリア等

表の「インストラクション」で示す通り、このどちらを選択するかで、教育手法が変わる。日本人の多くにとっては、1番目の、子ども期を学習準備期間ととらえる見方のほうが違和感がないだろう。しかし2001年のOECD報告では、1番目のアプローチは就学後を前提とした知識獲得教育に重点を置き過ぎるとして警鐘を鳴らしている。このようなこともあり、2番目の「子どもイコール一市民」観における幼児教育手法への関心が世界的に高まっている。

もっとも、どちらが優れているかを断じることは簡単ではなく、最新

のOECD報告でも、幼児教育プログラムを厳密に評価することの困難さがあえて指摘された。とはいえ日本ではまだ目新しい2つ目の子ども観は、これから80年、答え無き21世紀の日本で生き抜く子ども達の「異能」教育に参考になる点は数多いと思われる。そこで、「子どもイコール一市民」観の台頭に世界的に影響を与えたと言われる、イタリアのレッジョ・エミリア市での取り組み（所謂「レッジョ・エミリア」）と、ニュージーランドでの国家としての幼児政策「テ・ファリキ」を紹介したい。

レッジョ・エミリア・アプローチ

レッジョ・エミリアは日本では一部の教育関係者を除き、比較的近年に紹介された教育手法であるが、その歴史自体は古く、イタリア北部の人口16万人ほどの小さな都市であるレッジョ・エミリア市で、第2次世界大戦後から町ぐるみで実践されてきたものである。

この小さな都市の実践活動が広く知られることになったのは、1991年にニューズウィーク誌において「最も革新的な幼児教育」として紹介されたことがきっかけと言われている。世界の教育関係者が、レッジョの子どもたちの高度な芸術力と創造力に驚嘆したのである。彼らが生み出したアート類は、Reggio Emiliaにいくつかのキーワードをつけて画像検索すれば垣間見ることができる。

さてレッジョ・エミリアを形作るにはいくつかのキーワードがあり、それらを紹介することでレッジョ・エミリアの教育を紹介していきたい。

アトリエとアトリエリスタ：アトリエとはすべての幼児学校に存在する、子どもたちが芸術を中心とした創造的活動を行う場所を指す。アトリエリスタ（芸術士）は、音楽・ダンス・美術・写真などのアートの専門家であり、子どもたちの創造性をサポートする。

ピアッツァ：校舎の中央には広いオープンスペースがあり、子どもた

ちがコミュニケーションを行うことが促される。レッジョにおいては校舎環境デザインも重要なポイントで、子どもの五感を刺激するような光・音・色が配置されるような工夫がある。

プロジェクト：子どもたちに関心がありそうなテーマが設定され、長ければ数か月単位の長期にわたり、少人数のグループで探求を行う活動である。プロジェクトのテーマは厳密な教育カリキュラムに基づくものではなく、日常の中で教師や子ども自身が興味を持ったことや発想したことに基づき設定される。従って、プロジェクト活動の成果に1つの答えはなく、最終的にどのような結果となるのかは誰もわからない。教師は子どもたちの観察を通して機動的に準備をしていくということになる。

ドキュメンテーション：教育者は手元にノートやカメラを持ち、子どもたちの活動中の言動、しぐさ、表情等を記録していく。一般的に生徒の学習進捗を記録する手段としては、ある事項ができたかどうか、確認ポイントがすでに記載されている「チェックリスト」がしばしば活用される。ドキュメンテーションはそれとは異なり、教師が主体的に観察し、気づいたことを記録するものであり、個々の子どもの発達を表現し、かつ支援するものとして有効であると考えられている。さらに、ドキュメンテーションの記録は親や子ども自身に公開される。親にとっては子どもが何を学んだかを知る有効な手段となり、子どもにとっては、自らの行為を振り返る重要な学びの機会となる。また自分が成したことへの満足と自信を持たせ、次の学びの意欲につなげる。

レミダ：レミダはレッジョ・エミリアを支える重要な機関で、多様な廃材が集められたリサイクルセンターである。なぜリサイクルセンターと教育が結びつくのか？と疑問がわくだろうが、単なる廃材というよりは、子どもの創造性を養う道具となりえる部品・ボトル・資材などが集

●グローバルに通用する

められており、学校はそれらを持ち帰り教育活動に活かしている。レミダには廃材の中から教育に使用できそうな素材を選ぶプロが存在する。いわば教育を通じた循環型共同体が構築されているのである。

レッジョ・エミリアというと、アトリエリスタの存在もあることから芸術面が強調されやすいが、本質的な魅力は、主体的な活動と周囲との対話を通じ、子どもに社会性、自己表現力、そして自分に対する自信を持たせる教育が行われていることにある。

レッジョ・エミリアのような教育では、教師が子どもを上から目線で指導するのではなく、子どもと同じ目線に立ち、可能性を開かせる必要がある。従って教師にとってはそのようなコミュニケーション力とサポート力が重要なスキルとなる。

後述でも提案するが、我々自身にとっては、家庭において一見無意味に思える子どもの遊びに一緒にお付き合いして過ごすことの重要性を示唆しているともいえそうだ。

テ・ファリキ（ニュージーランド）

日本では幼稚園は文部科学省、保育園は厚生労働省と管轄が分かれている。ニュージーランドも以前はそのような教育省と社会福祉省に分かれた管轄区分があった。しかし1986年、幼稚園に加え保育所なども含めた全幼児施設は教育省（日本の文科省）へ一括管轄されることとなった。これが幼児教育政策の一元化につながり、1996年、乳幼児期の統一カリキュラムとして「テ・ファリキ」が制定された。

元々ニュージーランドは多様な幼児教育施設が存在する。幼稚園、そして保育園に当たる施設のほか、プレイセンターやプレイグループといった、保護者同士のコミュニティが運営主体となるものも2割弱を占めている。さらにマオリ語を使用しマオリの文化をベースにした幼児教育施設である、コハンガレオといったものもある。テ・ファリキは、これら多様な幼児教育サービスに共通の国家カリキュラムとして導入さ

れた。英語の〈Mat〉を意味するテ・ファリキは、多様な模様をなす様々な教育サービスの個性を尊重しながら、誰もがその上に乗ることができるという比喩でもある。

テ・ファリキは、教育目標とそのための体系を記述した所謂カリキュラムではなく、4つの原則と5つの要素を柱にした、理念的なフレームワークである。

まず、幼児教育にかかわる側の基本原則を示したものとして以下の4原則（Principles）がある。

Empowerment：子どもが自ら学び成長する
Holistic Development：子どもの全人的発達を支援する
Family and Community：家族やコミュニティとのつながりは重要な要素である
Relationships：学びは人・場所・物との相互関係を通じてなされる

そして、基本原則により子どもに何が育つのかを示した5つの柱（Strands）がある。

Well-being：子どもの幸福と健康
Belonging：子どもが帰属意識を持つこと
Contribution：学習過程での子どもの貢献
Communication：自己の表現・コミュニケーション
Exploration：能動的な探求心

以上をベースにしつつも、具体的な内容は各施設に委ねることで、個々の施設の個性を尊重するバランスを取っている。次に、この4つの原則、5つの柱をベースにしたテ・ファリキの特徴として以下4点を紹介したい。

●グローバルに通用する

　まず第1に、子どもを社会に所属する権利を持った「市民」としてみなしていることがある。もともとニュージーランドでは、子どもも一市民として社会やコミュニティに主体的な参加することを促す文化があり、例えば子どもが夏にレモネードを売ることを通じ、お金の大切さを学ばせ市民参加を促すといったことは既になされていた。こうした市民としての参加活動の過程で自分が誰なのかを理解し、自分が社会にどう貢献できる人間なのかを考えさせることが自己肯定感を高めることにつながり、更なる意欲向上につながると考えられているのである。

　第2に、「全人的」「探求心」のキーワードに見られるように、個別の知識とスキルの獲得以上に、能動的な体験や探求を通じて様々なことを学ぶことが重視されている。例えば単語をどれだけ覚えた、算数ができるようになった、というような小学校の準備段階としてのスキル獲得にあたる要素は、上の「5つの要素」では見られない。
教師は子どもの能動的な行動 - 時にそれは毎日遊んでいるようにしか見えないかもしれないが - を観察し、支援することが日々の対応になる。
「遊びを通しての学び(learning through play)」が幼児期の子どもにとってベストな「教育」だと国を挙げて整理しているとも言えよう。

　第3に、テ・ファリキを形作る重要な特徴として、「ラーニング・ストーリー」と呼ばれる各々の子どもの活動記録がある。これはレッジョ・エミリアのドキュメンテーションと同様、その子どもにかかわる複数の保育者の記録が子ども単位で纏められているものである。ストーリーと呼ぶ通りその記述には特徴があり、子どもの日々の遊びを通して学ぶ過程のハイライトを、他の読み手も理解できるよう物語のように記述したエピソード記録となっている。子どもの行動が客観的に記述され、保育者の主観的感想は入らない。
　もう一つ特徴的なこととして、子どもがあることができた、できなかったという達成度を観察するのではなく、長所に目を付けた記述をするこ

とが促されるという点がある。つまり、レッジョ・エミリアのドキュメンテーションと同様、できた・できないを確認するのに便利な教育手段である所謂「チェックリスト」とは発想が異なるのである。

日々記録されるラーニング・ストーリーは、教育現場でどのように活用されるのだろうか。

まず、個々の子どもにかかわる複数の保育者同士がこれを共有し、ともに振り返りを行う日々のミーティング（リフレクションミーティング）がある。ストーリーで記された行動から、今後の指導方針を話しあったり、テ・ファリキのどの要素が育まれたかを確認する。さらに、この個人別のラーニング・ストーリーが綴じられたポートフォリオは、親にも公開される。親からすると、子どもが園で何をしたのかを知る安心材料にもなる。

第4に、テ・ファリキを適用する教育機関だけでなく、親、家族、コミュニティ、文化といった子どもを取り巻くすべてが子どもの成長に影響を与えるという考えがある。具体的には親もテ・ファリキを理解することが求められ、そのための冊子も用意されている。さらに、テ・ファリキにおいては保護者と親は子どもに対する協働の教育者という考えから、親にもラーニング・ストーリーへの記録といった能動的参加が求められる。

異能教育への示唆

ここまでお気づきの方も多いかと思うが、今まで紹介したレッジョ・エミリア・アプローチ、テ・ファリキ、そして第3章1で詳述した国際バカロレア（PYP課程）の3つの枠組みには類似している点が多い。構成主義という共通の理論的背景に立脚していることもあるが、国際バカロレアの幼児・小学校課程であるPYPは今回寄稿頂いた（第3章1－3）ケビン・ペイジ氏の指摘にもみられる通り、レッジョ・エミリアを含めた世界の先進事例を十分研究し尽くして、世界標準となることを

目指して練られたものである。また、テ・ファリキも同様に議論の過程で海外の事例を研究し、じっくりと作り上げられたており、体系の構築の過程でお互いに影響し合っている背景もある。

ここでは今までのまとめとして、3つの教育の共通点を考えつつ、「異能を育む幼児教育とは？」、について考えたい。浮かび上がるキーワードとして、「learning by doing」「learning through communication」「learning through play」の3つがある。付言すると、この3つは、我々BBTが2010年に「国際的視野と開拓者精神」を教育理念の柱として設立したBBT大学で提唱した、「learning by doing」「learning through communication」「learning from mistakes」と、2つが同一である。BBT大学は7-8割が社会人であることを想定して設立されたオンライン大学であり、この3つのキーワードは成人教育の考え方からとっている。幼児教育であれ、成人教育であれ、育成したい人材像が同じであれば教育の手法は共通で基本的に変わらない、ということが結果として言えそうだ。

Learning by doing（行動しながら学ぶ）

グローバルに活躍できる異能が、日本でも海外でも、答えのないところから答えを創造し、卓越した成果を残す人材、とするならば、どの様なアウトプットを残せる人材を育てるのかという視点が非常に重要である。レッジョ・エミリア、テ・ファリキともに、座学は重視していない。レッジョはプロジェクト、テ・ファリキは遊びを通じた学びという形で、行動しながら学ぶことを重視している。そして第三章で見た国際バカロレアも、Inquiry-Based Learningと言われる通り、探求すべきテーマがあり、能動的に一人でそしてグループで学び、アウトプットを作り上げていく。共通ポイントは、子どもの好奇心と意欲を重んじた探求をさせることである。そして、探求を通じてアウトプットを出すことで、答えのないところから答えを創る力と自己表現力を養うのである。

Learning through communication（コミュニケーションを通じて学ぶ）

learning by doing のプロセスにおいて、教師は上から目線で teach する存在ではなく、子どもと同じ目線に立って対話をし、学びを支援する存在である。また、少人数グループでの活動が多く取り入れられ、子ども同士のコミュニケーションも促される。この過程で生じる、質問する、答える、一緒に考える、提案する、違いを議論する、といった多様なコミュニケーションを通じて、論理的思考力、創造力、表現力、違いを理解する力等を育んでいく。なお learning by doing も learning through communication も、子どもの能動的な行為を前提にしている。つまり幼児であっても子どもを何もできない白紙と見ておらず、自ら何かをなすことができる存在とみなした教育手法、ともいえる。

Learning through play（遊びを通じて学ぶ）

レッジョのプロジェクト、国際バカロレアの探求型学習、テ・ファリキの遊びを通じた学び、これらは厳密なカリキュラムに基づいて教師が知識と技能を伝達することが教育であると考える立場からすると、違和感のある風景にみえるだろう。教室内で子どもがグループでおしゃべりしたり、時として無意味な遊びをしていると思えるところに、同じ目線で教師が話しかけたりしているからである。しかし単なる遊びに見える行為にも重要な学びの要素が含まれているとする点も、この３つの教育の共通項である。そして好奇心に基づいた行動を尊重することで、将来にわたり「学び続ける力（意欲）」が必須の能力であると考えている。技術と情報の変化が著しい現代において、現時点での技術と情報を獲得することよりも、技術と情報のアップデートがあっても学び続けることで対応できる人材となることが大事であるとみなしているからである。

大前研一そして BBT では Lifetime Empowerment（一生涯学び続け力をつけていくこと）を重要なコンセプトとして位置付けているが、幼児

期における learning through play は、そのような人になるための出発点ともいえるだろう。

以上、3つのポイントを指摘した。

ちなみに、これら3つのポイントは概念として理解できたとしても、日本ではなかなか広がりそうにない現状がある。親からすると子どもが計算出来たり難しい言葉を読めたりといったほうが、そして使用するテキストがあるほうが、自らの子ども時代の経験を重ね合わせても理解しやすい。そして何を学んだかが親にとって可視化しやすい。一方でプロジェクトや遊びを通じた学習は、それを通じて何が学ばれているかは、そのままでは見えにくいのである。本質的にはどのような手法であれ、親のみならず教育者・子どもにも学びが可視化される必要はあると考える。そして結果としてそれを可視化するのがレッジョ・エミリアのドキュメンテーションであり、テ・ファリキのラーニング・ストーリーとその集大成のポートフォリオである。こういった学びの可視化が、これらの教育法の普及の鍵でもあると思う。

我々が身近にできること

learning by doing, learning through communication, learning through play といった考えに共感したとして、幼児を子どもに持つ我々日本人の親は具体的にどうすればよいのだろうか。レッジョ・エミリア、テ・ファリキに共感したとしても日本での実践例は僅かで、殆どの人にとってイタリアやニュージーランドに我が子を連れて行くことは現実的ではないだろう。またこれらの海外先進事例を集大成して世界標準となることを目的に設計された国際バカロレアも、幼・小学校課程の PYP プログラムを日本で実践している学校の殆どは学費が比較的高額なインターナショナルスクールである。正式な国際バカロレア PYP ではなくとも、こういった要素を放課後の課外授業や週末学校で取り入れているところが近くにあれば、いい機会なので体験してみることをお勧めしたいが、

数は少ないだろう。

そこで提唱したいのは、家庭において本稿で紹介したような教育の要素を日々の生活に取り入れてみてはどうだろうか、ということである。本稿の後に紹介する、インターナショナル幼児教育協会代表理事の前田郁代先生も具体的なアドバイスをされているので後ほどご覧いただきたいが、ここでいくつか挙げるとすると、例えばこのようなことが明日からでもできるのではないだろうか。

- 朝の慌ただしい時間に、子どもが一見すると無駄に遊んでいるように見えたり、何かをぼんやり眺めているように見えたとしても、5分でも寄り添って対話をする
- 何かを教えることより、気づきを促したり、理由を考えさせることを意識してみる
- 休みの日には座学をさせるよりも外に出て様々な体験をさせる
- 子どもの好奇心を刺激し、挑戦したくなるようなプロジェクトを与え、サポート役に徹してみる
- 子どもの行為をスマートフォンで記録したり書き留めたりし、夫婦間で気づきを共有し明日の子育てに役立てる

他にも色々あるだろう。高額な道具は必要ない。

終わりに

限られた紙面で海外事例を詳しく紹介するには至らなかったが、ここまでで「国際バカロレア、レッジョ・エミリア、テ・ファリキの良いところは何となくわかった。ただそれらを100％輸入した教育が日本人の我が子にベストなのだろうか」という疑問を持つ方もおられると思う。

教育は各国の文化・歴史そして将来展望を背景にして出来上がる個別性もある。どんなに優れていたとしても海外カリキュラムの盲目的な直輸

●グローバルに通用する

入は必ずしもベストではないだろう。例えばグローバルに通用する日本人を育むならば、日本の文化や価値観にも触れさせる必要はあるだろう。

また「遊びや探求を通じた学習も大事に思えてきたが、やはりある程度は平均以上に言葉が話せたり算数が出来たりするための早期教育も必要なのではないか」と思う皆さんも多いことと思う。どの教育が子どもの将来にとって良いのかを科学的に実証することは、先のOECD報告でも指摘があったが非常に難しい。幼児教育終了時点を見るだけでは不十分で、実際にどの様な大人になったかを見る必要があることから、非常に長期間の検証が必要となる。ベストミックスはどちらかの両極端ではなく、そのどこかの間にあるのかもしれないし、最終的にどのような人生を歩ませたいかという親の方針に左右されるだろう。

但し、少なくとも海外の人と対峙したり海外に関連した仕事をしたことがある方であれば、今の伝統的な日本の教育では、英語力の低さといった語学面の問題以上にアウトプット力の面で海外の人と戦うには弱すぎる、という考えに同意いただける方は多いと思う。海外の人たちとコミュニケーションや議論するだけであれば英語力の問題だ。しかし彼らを論理と創造力で巻き込み、リードし、新たなパラダイムを構築していく異能レベルの人材をめざすのであれば、独自の答えを生み出す力と自己表現力といったアウトプット力、そして大人になっても学び続け変化に対応する能力を早い段階から獲得することが非常に重要であろう。

日本では好むと好まざると、知識詰め込みの典型ともいえる受験戦争に早い段階から巻き込まれるケースが多い。しかしせめて幼少期の時くらい、書籍や教師から伝達される知識やスキルの獲得を中心とした学びではなく、好奇心を重視し探求とアウトプットの繰り返させる、そしてその過程での他者や社会との交流を経験させる学びを体験させる機会を与えてみてはいかがだろうか。

なお本校執筆にあたっては、一般社団法人インターナショナル幼児教育協会の開催する認定コース及びワークショップで得た内容を数多く参

考とさせていただいた。以下に同協会代表理事である前田郁代氏に、幼少期における異能人材育成についてインタビューを行っているので、本稿に続くものとしてご覧いただきたい。

2) インタビュー：一般社団法人インターナショナル幼児教育協会 代表理事 前田郁代 氏

〈インタビュイー紹介〉前田郁代：米国ボストンのWheelock大学で乳幼児教育・発達心理学の修士号を取得。ボストンの幼稚園、都内のインターナショナルスクールで勤務後、1998年ウイロ―ブルックインターナショナルスクールを設立。現在も園長として幼稚園の全ての運営に関わっている。2010年にはやなぎ教育グループを発足させ、国際幼児教育での経験を生かし、バイリンガル教育のセミナー、教育コンサルティング、教育玩具開発などを行っている。また2013年には一般社団法人インターナショナル幼児教育協会 (www.aiece.or.jp) を設立、代表理事に就任し、認定コースを通じた乳幼児教育者への研修、世界の幼児教育の紹介、日本の幼児教育の良さを海外に紹介する活動等を行っている。

──**本書のテーマであるグローバルに活躍できる異能を生み出すうえで、幼児期にどのような力を育むことが大事でしょうか**

　自分で考える力、そしてそれをしっかり表現できる力が非常に大事だと思います。世界でビジネスをするうえでは、言うまでもなく自分で考えたことをしっかり表現できることが大事ですよね。幼児教育においてこういった要素をどのように組み込むかですが、一つの方法として、子どもたちが多くの選択肢から自ら選択を行い、自由な創作と自己表現ができるような環境を準備します。例えば多くの材料がある美術室に日本の幼稚園や保育園出身の子どもを連れて行き、「好きなものを作っていいよ」と話すと、何をしてよいかわからず戸惑ってしまう子が多いのが現状です。日本では親や教師が折紙の山折り谷折りを最初から教えたり、サンタの絵を教師と同じように書いたりと、何かを同じように作る指導をしているからだと思います。「先生の真似をしなくていいよ、何

をやってもいいよ」と伝えても、慣れるのに数か月かかることが多いです。日本の園も様々な取り組みがありますし、伝統的な日本のやり方にも良い面は沢山あります。しかし自分の自由な発想で創作・表現活動を行う環境で育った子と比べると、日本の園で育った子は教師の指示を待ってしまうことが多いように思います。

——なるほど、子どもの時点で指示待ちになるのであれば、大人になって「指示待ち人間」になるのも無理はありませんね。

グローバルな感覚や能力を育む、という点であと幾つか重要なことがあります。まず、特に幼児期には自分を好きになり、肯定できる心を育むことと、遊び心を養うことが大事だと思います。今年(2014年)の冬季オリンピックを見て感じたことは、スキーとスノーボードの選手を比べてみると、スノーボードの選手は自信に満ち溢れていましたよね。この理由を推測すると、例えばスキーは上級になると今でも根性世代の先生が教えていることが多い一方で、スノーボードは殆どが遊び心ある世代の若い先生。この違いが、オリンピックのような大きな舞台において期待とプレッシャーで笑顔がないスキー選手と、大丈夫なの？と心配になるほどリラックスしているスノーボード選手の表情に現れていたのだと思います。そして多くの日本人スノーボード選手がメダルを取ったことが印象的でした。いかなる場合でも物事のプラスの面を見る訓練をさせることは大事ですね。そのためには保護者や教師が鏡となって実践することも必要だと思います。

また、リスクテイクすること、リスクテイクに関連してメンタルが強いことも重要だと思います。小さなうちからちょっと高度なことにもチャレンジさせる、リスクをとることの楽しさを教える、失敗してもトライしたことを褒める、といったことを沢山経験させてあげたいものです。逆に大人が頭ごなしに無理だと言ったり 失敗したことを叱ったりすることは禁物です。

最後に、幼児であっても無理のない範囲で、他人や社会にも貢献できる活動をする機会を与える、社会貢献の経験も大切ですね。

――考える力、表現する力、自己肯定力、遊び心、リスクテイクとメンタルタフネス。こういった力を育む有効な取り組みとしてどのようなものがあるでしょうか。

　プロジェクトアプローチという教育手法があります。子どもたちが興味を持ったものを深く探求させることを目的としたアプローチで、この過程で、なぜそれをやりたいのか、どうしてそれが必要だと思うのかなど、教師と子どもが沢山の対話を重ねます。おしゃべりな子もおとなしい子にも、自分のペースで考えを友だちや教師に伝えることを促します。

　また、Show and Tell（見せて話す）という時間があります。例えば自分の大事なものを持ってきてもらい、みんなの前でそれは何かを説明させます。ある子どもが説明した後、それを聞いていた子どもたちが質問をします。よくよく考えるとミニディベートの基礎となることを3歳くらいからやるんですね。思ったことを質問するというのは、阿吽の呼吸とは違うところで良い訓練になると思います。機会を重ねると5歳くらいになると、様々なことについて「～についてどう思う？」と尋ねてもしっかりした自分の意見を話せるようになります。勿論5歳児なので語彙も少なくアイデアも年齢相応ではあるわけですが。こういった教育で育まれた自己表現力も、グローバルに通用する資質の基礎となると思います。

――プロジェクトアプローチは身近に家庭でもできそうな取り組みですね。参考になります。

　グローバルに通用する子どもに育てるという観点では、考える力と表現する力に加え、異なる背景を持つ相手を理解することも大事だと思い

●グローバルに通用する

ます。インターナショナルなプリスクールであれば、色々な国籍・人種の子どもがいて、多様性がある中で生きることを自然に理解しやすいですね。日本国内でも国際結婚のお子さんは増えてきています。また最近は地方でも外国籍のお子さんが増えていると思います。こういった文化が異なるお友達と積極的に触れ合い、理解し合うことは非常に大事です。例えば中国のお子さんがいれば中国の新年のお祝いをみんなでしてみたり、北米のお子さんがいればサンクスギビングを体験したり、そういったことを学校としてプログラムに入れてみることで、異なるものを楽しめ、受け入れられるオープンマインドな態度を有した子どもが育まれるのではないかと思います。

――グローバルな異能を生み出すためには幼少期においては考える力、表現する力等に加え、多様な異なる相手を理解する力が重要で、そのためにはプロジェクトや体験を通じた教育が大事ということですね。このような観点を重視した海外の幼児教育事例を教えて頂けますか。

レッジョ・エミリア市での取り組みは、グローバルという観点で見た場合、イタリアのローカルな市で実践されているものという点では国際性豊かな教育ではないかもしれません。しかし自分の考えを色々な観点で表現をする教育ということでは、レッジョ・エミリアは優れたものがあります。あとは、ニュージーランドのテ・ファリキも参考になりますし、スウェーデンの自然と深く関わる側面や共働き家庭が多い中で家族を尊敬する心を養う教育も、日本の参考になると思います。

世界には様々な教育手法がありますが、先進的と考えられる幼児教育手法の根底に共通にあるものとして、「教師は教える人になるのではなく、子どもの表現活動を助ける人である」という価値観があります。この具現化のため教師が受ける重要なトレーニングの1つに、子どもへの言葉かけに関するものがあります。例えば子どもの描いた絵がある

と、「ねえこれすてきね、これサンタさんね」という代わりに、「何を書いたか話してみたい？どんなものを描いたか教えてくれる？」といったことを沢山質問していきます。つまり大人の側が子どもの書いたものを判断するのではなく、質問を投げかけて子どもが答えられる、という対話を重視しているのです。

教師が一方的に教える存在ではなく、子どもの考えや表現活動を支援する存在だということは、プロジェクト活動でも同様です。プロジェクトを作るときに教師は答えを用意しているわけではありません。勿論事前準備はしますが、その準備した内容に無理やり授業を仕向けることはしません。

子どもたちが答えを探すきっかけと環境を準備すれば、彼らが興味や好奇心に基づき能動的に探求していった結果、教師が準備した内容以上のものになることも良くあるのです。

例えば建築というプロジェクトで、子どもがブロックで高いタワーを作ってみるとします。教師が、「ビルって面白いね。興味ある？」と問いかけます。そして、教師は子どもたちに、ビルについて何を知っているのか、今後何を知りたいのか、問いかけます。そして一緒にビルとその建築方法を調べていきます。この過程で建築家をお招きし、設計図の作り方等を子どもたちに紹介頂くといったことも行います。またコミュニティとのつながりという観点から、近くのビルに行き、実際の建物の見学を通じて建築を理解する、といった体験学習を行ったりもします。

——世界の教育事例の一つとして、モンテッソーリ教育は、Googleのラリー・ペイジやFacebookのマーク・ザッカーバーグ等、名だたるIT起業家を輩出しているという点で近年ビジネス界でも注目されています。モンテッソーリも、自己の好奇心を重視して集中して作業させるという側面がありますが、この教育手法についてはどう思いますか。

● グローバルに通用する

　モンテッソーリ教育は、医師であるマリア・モンテッソーリが、障害児や恵まれない子供達に、人生を生き抜くためのライフスキルを中心とした内容を学ばせた事から始まりました。そこから一人で教具を使いながら自分のペースで集中して数字を理解していく、といった良く知られた教育手法になっていきました。伝統的なモンテッソーリスクールでは、あまり時間の制約がなく、一人で何時間も黙々と一つの活動に従事する子どももいます。集中して一人で活動する中で、創造力、想像力、独立心、責任感などを自ら身に付けていくようです。そういった教育を受けた人たちがITの世界でリーダーになる事は理解できます。一方、広い意味でグローバルに生きていくための幼児教育には、一人で集中する時間も大事ですが、子ども同士または子どもと教師の対話や協働作業も、チームで活動することも大事だと考えています。

——対話を通じて学ぶというのは海外では大人の学びでも良くある手法ですね。

　特にアメリカやイギリスなど英語圏の学校システムでは、古くから対話を通した学びの要素が取り入れられています。また一人一人で学ぶ部分も尊重されますが、グループ活動が重視されますね。ただグループ活動と言っても、20人単位で同じことをやるわけではなく、5人くらいの小グループでやるのがポイントです。この人数なら、対話を通じて意見集約をする中で、自分の意見も満たされます。

——所謂英語や知育などの早期教育についてどう思いますか。

　早期教育はある意味大事だと思います。但しその中身が何かが大事です。例えば私は山に行くのが好きで、よく長野の山に行くのですが、そこでは5歳くらいまで幼稚園や保育園に行かずに、おじいちゃんおばあちゃんの仕事を手伝ったりしているお子さんがいます。この過程で人

間としての基本ができていくと感じますし、これも一つの素晴らしい早期教育だと思います。

一方学校で早期教育をするならば、アルファベットを学ぶといったアカデミックな知識を獲得するというよりも、むしろこの時期は社会性を身に付けさせることがより重要だと思います。特に都会では核家族が多く、また近所に同世代の子どもがいないことも多いので、友達と一緒に何かを学ぶ機会が意外に少ないお子さんが多いのではないかと思います。こう考えていくと幼稚園や保育園の存在は、幼児が社会性を磨く場所として大切なのではないでしょうか。

勿論、園によっては社会性よりもアカデミックな面を重視するところもあるでしょう。どちらが良いのかは最終的には親御さんの判断ではありますが、早期教育だからといってワークブックを1日中詰め込むとか、スパルタ式で成績が悪いと貼りだすといったことは反対です。子どもが皆の前で恥をかくのは良くないと思います。時に叱ったり突き放したりすることも必要ですが、あくまでその子を尊重して肯定的な経験を与えるほうが、子どもは伸びますし、グローバルに創造性をもって生きる子どもを育むという観点でも合っていると思います。

——グローバルに活躍できる異能を育むうえで、身近に親ができること、気をつけたいことがあれば教えて頂けますか。

子どもと親が積極的にディスカッションをすることだと思います。「なぜそうなのか？」といった問いかけなどを通じ、自分で考える力を身に付けさせることができます。一つポイントとして、open-ended questionをすることを意識してみては如何でしょうか。例えば「お腹すいた？」と尋ねるだけなら会話がyes/noだけで終わってしまいます。でも「おなかすいたよね、今日何食べたい？」と尋ねれば子どもたちは考え始めます。「カレーが食べたいな」と答えたら「そう、なぜ？」と聞いていく、そういった対話を繰り返すと語彙も増えますし、考える力

●グローバルに通用する

がついて、子どもが言葉を使って自分で表現することに慣れていきます。考える力と表現する力は何語であっても変わりません。今は英語と縁がない環境にいても、後々英語環境の世界に行ったときに、言葉さえ身に付ければ論理的に英語で話せたり表現が出来たりということができるでしょう。どんなことでも、例えば「なぜこれはピンクなのか」といったことでも、自分の気持ちを表現できることは大切だと考えます。

英語圏以外でも世界には色々な人がいます。私が米国で学生だった時にクラスメートだったアラブの人たちは、英語の文法はおかしなところが沢山ありましたが、ディベートは非常に上手でした。日本人は比較的高い教育を受けていて、きちんとした自分の意見を持っているのに、それを表現する訓練をあまり受けていません。しっかりとアウトプットできる力を備え、これからの世界で生き抜くために、早い時期から家庭でopen-endedな対話をして頂くと良いと思います。

——最後に、０から１を生み出す創造性を育むうえで身近にできることがあれば教えて下さい

子どもたちに対しておもちゃを全部なくしてみたことがあります。そうすると子どもたちは、公園でスティックや石をゲームの材料にして遊び始めるなど、遊びを創造し始めるのです。世の中はモノが溢れかえっていますが、何も無いことも子どもの創造性を刺激する点で良いことがあるのです。このように家庭で沢山ものを与えず、少しだけのおもちゃでじっくり何かを作る時間を作ってみることも、想像力と創造力を誘発すると思います。

また、部屋で一人で本を読みながら想像の世界に入っていくことも、自分の考えを育むことに繋がります。そして「こうなりたい」という自分の考えが生まれてから何度も何度も考えていくと、それが行動に移り現実化するということが起きます。与えすぎない事に加え、このように静かな時間を持たせる事も、創造性を育むうえでは大事だと思います。

3）語学教育は「幼稚園から」が肝心──バイリンガル環境で"頭脳開発"◎

（大前ライブ 744：2014/9/14）

　シンガポール科学技術研究庁は、「2つの言語を使うバイリンガル環境で幼児期を過ごすと、頭が良くなる」という研究成果を発表した。生後6カ月の子供に絵が描かれたカードを見せたところ、バイリンガル環境の子供は見慣れた絵を見る時間が短い一方、見慣れない絵をながめる時間は一般の子供より長かったという。

　より効率的に情報を処理しようとする動作が、能力アップにつながるというわけだ。ほかの調査でも「若いころに2つの言語を話すのはいいことだ」という結果が出ている。幼児のうちから語学教育をするメリットはあるようだ。

　私の場合、大学に入るまで英語は一言も話せなかった。それまでは、和文英訳や英文和訳といった、いわゆる受験英語しかやったことがなかった。それが大学入学後、「通訳案内業」（現在は通訳案内士）の免許を取ろうと一念発起、英会話の勉強を始め、1年で取得した。高校時代までに文法や単語についてはかなり勉強していて、しゃべり方のコツを学ぶだけでよかったので、比較的ラクだった。

　というわけで、「海外でも通用する英語力を身につけるには、いつごろから学習を始めればいいのか」という質問に、「絶対的にこの年齢までにやらないとダメ」という答えはない。もちろん、60歳から始めるのはシンドイとは思うが…。ただ、文法や単語を自然に身につけていくというなら、やはり幼稚園ぐらいからがいいのではないか。

　私が経営する「ビジネス・ブレークスルー」は昨年11月に「アオバジャパン・インターナショナルスクール」を子会社化した。アオバジャパンは1歳半の幼児から高校生までの共学一貫校を運営し、「世界に通用する人材育成」を目指している。東京都目黒区と練馬区にキャンパスを持

ち、34カ国、約300人の生徒が通っていて、英語を母国語としない生徒を対象に英語サポート・プログラム（ESL）を設けている。

ここで現在、最も入学希望の倍率が高いのが「1歳半」だ。世の父親、母親は小学校に入学後、自分の子供がデキる子から差をつけられるのは嫌なのだろう。それで幼稚園の、それも年長よりも年中、年中よりも年少のほうがいいということになり、「1歳半」にたどり着いたわけだ。親御さんたちはやはり、このくらいの年齢から習わせていれば間違いないと思っている。

アオバジャパンはスイスに本部がある「インターナショナル・バカロレア」（IB）の認定校になって、ここのIBディプロマ（学位）も取得できるよう申請している。このIBでも、日本語と英語を並列したバイリンガルを要求している。私も大賛成だ。いずれにしても、言葉を2つマスターすると、統語法（語が文を構成する仕組み）が違うので、頭が開発されることは間違いない。

（夕刊フジ　2014/9/27）

4）小学校での英語教師の補充が課題 ◎

ここで「小学校・中学校・高等学校　学校数」をご覧いただきたい。

小学校・中学校・高等学校　学校数

【校】

区分	総数	国立	公立	私立
小学校	21,460	74	21,166	220
中学校	10,699	73	9,860	766
高等学校	5,022	15	3,688	1,319

資料：文部科学省　学校基本調査－平成24年度(確定値)結果の概要－

日本には小学校が2万校、中学校が1万校、高等学校が5000校ほど存在する。そこにどれだけの生徒がいるか。次の「小学校・中学校・高等学校　在学生数」をご覧いただきたい。

小学校・中学校・高等学校　在学生数

【人】

区分	総数	国立	公立	私立
小学校	6,764,619	43,257	6,642,721	78,641
中学校	3,552,663	31,580	3,269,759	251,324
高等学校	3,355,609	8,615	2,328,102	1,018,892

資料：文部科学省　学校基本調査－平成24年度(確定値)結果の概要－

●グローバルに通用する

　日本全国で小学生は676万人、中学生は355万人、高校生は336万人いる。これに対して、「小学校・中学校・高等学校の英語教員数・教員数」はというと、次の通りだ。

小学校・中学校・高等学校の英語教員数・教員数

【人】

区分	英語教員数			全教員数		
	計	男	女	計	男	女
小学校	−	−	−	388,664	149,208	239,456
中学校	31,487	15,318	16,169	234,017	141,100	92,917
高等学校	29,255	17,427	11,828	242,967	178,753	64,214

資料:文部科学省 平成16年度学校教員統計調査 調査結果の概要 1(1)本務教員数、中学校英語教員数、高等学校英語教員数

　英語教師数は中学校と高等学校でそれぞれ約3万人ずついる。これまで小学校では英語が教科に入っていなかったが、2011年度から小学5・6年生で英語が必修化されるようになった。

　日本人の英語教師の補充が必要となっていると言われるが、ALTが全体で1万人ということは、1人で3.6校を受け持たないといけないとか、中・高だけでも1人で560人の生徒を担当しないといけないし、小学校の5・6年もということになると900人近い生徒の面倒を見ることになる。しかも1人平均300万円と仮定しても年間300億円（5000人の追加分だけならその半分）の予算がかかることになる。それで中途半端な成果しか出なければ、立案者の責任が追及されることになる。

外国人の英語教師を正規に雇う工夫が必要

　英語教師をちゃんと集めたいのなら、母国語が英語の国で「国語教師」の免許を持っている人は自動的に日本で正規の英語教師として教えられるようにすべきだと、私は20年前から提言してきた。

環太平洋経済連携協定（TPP）でも課題となっている国家資格の相互認証。欧州連合(EU)ではすでに国を越えて職業免許が通じるようになっている。英語はもともと外国語なのだから、免許を持っているネイティブから習うのが正しいやり方だ、というくらいは誰でも分かるだろう。

　外国人教師を正規の英語教師として受け入れて、日本の国家的リスクとなっているコミュニケーション能力の不足を是正する。これこそが安倍政権が唱えるグローバル人材の育成に不可欠な第一歩だと思う。

　子供たちの英語力を鍛えるには、優秀な外国人教師を教室で、そしてネットで迎えることが不可欠だ。子供たちを中心に教育改革を考えるべきである。

（nikkei BP net 2013/4/30 http://nikkeibp.co.jp/article/column/20090409/145180/

日経 BP 社）

● グローバルに通用する

第4章 21世紀の日本人ビジネスパーソンに必要な能力

1. グローバル教養力

●自国のことを外国人にきちんと説明できるのが真の教養人だ！

　話を論理的に組み立て、それを英語で伝えることができれば、海外でもそこそこビジネスはできるだろう。だが、「世界で活躍する人」をめざすとなると、それだけでは十分とはいえない。

　ビジネスの相手が日本人とわかれば、他国の人は必ず日本に関するさまざまなことを質問してくる。

そのとき、「自分の仕事以外のことはさっぱり」ということでは、相手はがっかりしてしまうだろう。そうして、「この人はつき合っても面白

くない」と思われたら、ビジネス相手との人間関係は深まらないし、現地スタッフからも尊敬されない。もちろん、そんな人にリーダーなど務まるはずがない。

逆に、日本について何を聞かれても、質問者の興味を満たす受け答えができる人は一目置かれる存在となり、仕事もやりやすくなる。

このように、自国のことを他国の人にもきちんと伝えられるというのは、グローバル・ステージ（世界の舞台）においてはきわめて重要な能力であり、これができる人のことを教養のある人という。

日本人は教養というとすぐに、クラシック音楽の知識や古典に対するの深さなどを持ち出してくるが、国際舞台で必要となる教養というのは、決してそういうものだけではないのだ。

アメリカでエリートと見なされているような人は、例外なく、自国の成り立ちから現代までの大きな流れを、アメリカ人以外の人にもきちんと説明できる。それは彼らが、アメリカ人が寄って立つ歴史的事象を、現代とのつながりまで含め、きちんと勉強してきているからにほかならない。多くのエリートが中西部のウイリアムズ大学などリベラルアート系のところを卒業しているのも、「そうした教養を学部では身につけたい」ということの表われである。

ところが、日本の学校教育は、そういう大きな物語を考えさせる代わりに、ひたすら暗記ばかりを生徒に強いる。だから日本では学力優秀といわれる人でも、国際レベルでみるとあきれるほど教養のない人が多い。

たとえば、海外でディナーに出席すると、こんなことをよく聞かれる。

「江戸時代の日本は、なぜ二百七十年間も鎖国を続けることができたのか」

北朝鮮やミャンマーのように、国交を断って孤立政策を続ければ、必ずその国は衰えるというのが世界の常識だ。日本の鎖国は明らかにその常識から外れており、期間も世界に例がないほど長い。なぜそんなことが可能だったのか、疑問に感じている人は意外と多い。鎖国のあいだに国内では何が行なわれていたのかとか、鎖国によってどんな効果があっ

● グローバルに通用する

たのかということもよく尋ねられる。

それから、これもよくある質問だ。

「どうして日本だけが、長い封建時代を経験しながら近代化に成功したのか」

ヨーロッパ以外の封建国家、王制国家、独裁国家のなかで、近代化に成功した例は、日本を除けばほぼ皆無だといっていい。それだけに、「なぜ日本だけが、百年も前に近代化を実現することができたのか」ということに関心をもつ人は多い。

問題は、それに対する回答だ。「僕は理系なので歴史のことはよくわかりません」などといったらその人は、二度とディナーに呼んでもらえない。また、明治維新に関して自分のもっている最大限の知識を引っ張り出してきて、坂本竜馬や西郷隆盛の名前を挙げたところで、海外の人は誰も知らないし、興味も示さないだろう。

逆に、明治維新の意義と日本が近代化できた理由をわかりやすく説明できれば、「この人は日本を通じてわれわれにとっても意味のあることをいってくれている！」という感動を与えられるのだ。

◉細かい知識よりも物語として語れ

海外の人が日本人に質問をするとき、彼らはグーグルで調べれば誰でもわかるような知識を聞きたいわけではない。簡単にいえば、どこにも書いていないことを知りたいのだ。「こんな考え方、意見もあるのか」と感動したい。それによってもっと思考を深めたい。あるいは、聞いた話を自分の手柄であるかのように、後日、誰かに話したいのだ。

相手をそういう気持ちにさせるには、細かい知識よりも、大ざっぱでいいから起承転結のある物語を語れることが大切である。

それから、質問が過去の出来事に関することである場合は、聞かれなくても、それが歴史的な文脈のなかでどのような意味をもつかや、いまの日本の何とどのように結びついているかまで語ること。そうすると、

日本に関する知識があまりない人も、一瞬にして日本に対する理解が深まる。

また、「歴史軸」という縦方向だけでなく「地理軸」という横方向に広げるのも、物語に奥行きをもたせ、立体感を出すのに役立つテクニックだ。

たとえば、日本の最近の若者事情について聞かれて、「草食系男子」の話をしようと思ったとする。そうしたら、若者の結婚に対する意欲の低下、夫婦のセックスレス問題といった日本の現状を話すだけでなく、「少子化や非婚化に関しては韓国でも同様の問題が起こっており、むしろ日本より深刻だ」というように、ほかのアジア諸国の実情も一緒に話す。

なぜかというと、欧米の人が日本について質問するときは、日本一国というよりもどちらかというと、アジア全体の傾向を知りたがっていることが多いからだ。世界が日本にだけ興味をもっていたのは八〇年代まで。いまはあくまで東アジアの一員としての日本というのが、海外の日本に対する一般的な認識なのである。実際、日本のことについて説明したあとに、韓国ではどうか、中国ではどうかと続けざまに質問されることは珍しくない。

逆に、海外で起こっていることに日本の現実や歴史を重ね合わせ、そこから一つの解決策を導き出す話ができると、とても喜ばれる。

いい例が中国の公害問題。リーマン・ショック後の世界では独り勝ち状態の中国だが、すさまじい経済成長の裏には解決しなければならない問題が山積している。公害もその一つ。重慶や上海にいくと、川は淀んで悪臭を放ち、空は排煙で覆われ、長時間外にいると光化学スモッグで目が痛くなる。しかし、中国人にこれをなんとかしろといっても、経済成長を犠牲にできないと聞く耳をもたない。

そんなときは、「中国に有効なアドバイスを与えることができるのは日本人しかいない」といって、次のように自分たちの経験を語ればいいのである。

●グローバルに通用する

「現在の中国の環境は、六〇年代の日本と非常によく似ている。当時、隅田川は臭くて近寄れなかったし、交差点では警官が防毒マスクをして交通整理をしていた。地域によっては深刻な健康被害も起こっていた。

しかし、日本はそれを克服した。当時は東京タワーから富士山は年間約二十日しかみえなかったが、いまは約七十日みえるようになったし、隅田川にも魚が戻ってきた。しかも、日本の名目ＧＤＰは七〇年代の十年間で約三倍も成長した。つまり、私たちは経済成長を続けながらこれを成し遂げたから、公害克服と経済成長は決してではない、というのが中国にも伝授したい日本の経験だ」

こういえば、まさか聞きたくないとはいわないだろう。こういう伝え方ができるのは間違いなく、教養がある人だ。

●土曜日を有効に使って話の引き出しを増やせ

韓国の少子化問題、東京タワーから富士山がみえる日数……いったいどれだけ勉強すればいいんだ。そう不安に思った人もいるかもしれない。そこでここからは、「どうすれば国際人たる真の教養を身につけられるか」を考えていこう。

いろいろな外国人とディナーを共にすることが多い人なら、普段よくされる質問に対して答えを用意しておけばいいが、そういう人はなかなかいないだろう。だが、いまそのような機会がないからといって、これから先もずっとそうだとはかぎらない。突然、海外赴任を命じられ、三カ月後には異国の地にいる可能性だってある。

そこで、そうなったときに困らないように、日ごろから自分で自分に質問を投げかけ、答えを考えるということをやっておくのだ。

たとえば、テレビで「中国の公害問題が深刻化している」というニュースを観たとする。そうしたら、「日本はどうやってあのひどい公害を克服したのか」というように、自己質問をしてみるのだ。

そうすると、自分のなかに引き出しができ、質問の答えを考えるうえ

で参考になるデータや事例が、時間さえかければ自然と集まってくるようになる。逆に、そういう引き出しをもっていない人は、「富士山がみえる日数がこれだけ変わってきた」というデータに巡り合っても、「へえ、そうなんだ」と一瞬思うだけで、記憶には残らない。

　もちろん、暇を見つけて、自分でデータや事例を集めることも大切だ。インターネットを利用すれば、考えるのに必要な材料が手に入らないということはまずない。ただし、バイアスのかかった誰かの意見をいくら集めても答えを考える材料にはならない。集めるのはあくまで事実（FACTS&DATA）である。

　こうして十分な材料が溜まってきたら、今度はそれらを使って質問の答えを考え、それを物語のかたちにして再び引き出しに入れる。物語にするのは、それが他人、とくに外国人に説明するときに、もっとも説得力のある方法だからだ。また物語になると忘れる、ということがなくなる。

　こうやって少しずつ話の引き出しを増やしていくことが、そのまま自分の教養を高めることになるのである。

　それから、一度つくった引き出しも、そのままにしておくと古びて使い物にならなくなるので、つねに最新のデータと「同期」して答えをアップデートしておくことも忘れてはならない。

　私は土曜日を、自分で問いを立て、考え、答えとなる物語を構築し、アップデートするという一連の作業をする時間にて、これを三十年以上続けてきた。いまでは、私ほど多くの引き出しをもつ人はほかにいないだろう、と冗談をいうくらい引き出しの数が増えている。

　このように自分で質問し、考えることをせず、ただ歴史小説を読んだり、大河ドラマを観ているだけでは、世界で通用する教養など絶対に身につきはしないのである。

●グローバルに通用する

●西洋文明の原点はギリシャ哲学にあり

　もう一つ、質問から答えを導き出す技術を高めるために、ぜひ知っておいてほしいのがギリシャ哲学だ。東洋思想が「あらかじめ答えを知っている賢者が道を説くのを、ありがたく拝聴する」というかたちをとるのに対し、西洋では、「答えは誰も知らないので、みんなで議論して正しい道を見つけよう」という考え方をする。その根源にあるのがギリシャ哲学なのだ。

　紀元前の古代ギリシャでは、アゴラと呼ばれる広場では毎日のようにオープンフォーラムが開かれ、ありとあらゆることが議論されていた。議論の限りを尽くし、最後は多数決で答えを決め、過半数をとれなかった者は多数派に従う、という民主主義のルールができあがったのも、古代ギリシャである。

　西欧文明の根幹には、この古代ギリシャで生まれたギリシャ哲学があるので、西欧人は議論して答えを探すということを、子どものころから徹底的に叩き込まれる。だから、質問や反論することに彼らはまるで抵抗や躊躇がない。

　そして、海外にいけば、そんな人たちと当たり前のようにやり合わなければならないのである。そのとき、彼らの思考スタイルを知らないと、なぜこんなわかりきったことをいちいち質問してくるのかや、明らかに正しいことにまで反対するのはなぜかが、理解できない。あるいは、答えはわかっているからと議論に参加しなければ、それだけでイヤな人間とみなされてしまいかねない。

　そういう事態を防ぐためにも、ギリシャ哲学を勉強して、彼らがどうやって質問し、そこからどのように答えを導いていくかを知っておくべきである。また、日本人は論理性が弱く、海外にいくとそれが目立ってしまうので、ソクラテス、プラトン、アリストテレスの思考法を学んでおくことは、論理的思考のトレーニングという意味でも効果的だ。

それから、日本人だから日本のことばかり聞かれるということはないので、普段から幅広く、それこそ森羅万象(しんらばんしょう)に対し関心をもっておくことが大事なのはいうまでもない。

（THE21 2010年2月号　PHP研究所）

---

2. グローバル・マインド

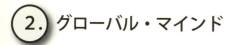
── 相手の価値観に対する理解がすべてのベースだ！

　世界には多種多様な価値観や哲学、ものの見方や考え方が存在する。日本人には馴染みの薄いものも多いし、なかには日本人の心情と相容れないような類のものもある。そういうものが支配する国や地域でも、リーダーシップを発揮して高い成果を挙げられるのが、グローバル・リーダーなのである。

　このグローバル・リーダーになるためには、現地の人たちと本音で議論できるくらいの高度な信頼関係を築かなければならない。それには、相手の価値観を受け入れる寛容性や柔軟さをもつのはもちろん、日本人

とまったく異なる思想信条をもった人びとにも届くようにメッセージを発することができる必要がある。

言葉を換えれば、世界で通用するグローバルなマインドをベースにしたコミュニケーションができて初めて、その人は真のグローバル・リーダーになり得るのである。

中国や韓国の人びとが国際舞台で続々と頭角を現わしているのは、グローバル・マインドをもった人材がそれだけ育っているからだ。

彼らは大多数の自国民とは異なる、リーダーとしての資質をもっている。まだ少数ではあるが、インパクトの強い人材が急速に育ってきている。日本でこの二十年くらいのあいだにそうした人材が急速に枯渇していったのと対照的だ。

日本は明らかにこの分野では後れをとっている、という認識をもたないといけない。たとえば、国内で一つの部署しか経験していない人に、いきなり海外の工場経営を任せるようなケースが、日本企業の場合はわりとよくある。そうすると、その人は何の疑いもなく日本でやっていたのと同じ考え方ややり方を、そのまま持ち込んでしまう。これでは現地の従業員と摩擦や軋轢が起こらないほうがおかしい。それで、ほどなく胃を壊して帰国する羽目になるのだ。

日本にいながらこのグローバル・マインドを身につけるのは決して簡単ではないが、やりようはある。まず、さまざまな価値観を受け入れられるようになるために、日ごろから世界の文化や歴史、宗教などを勉強しておくこと。

たとえば、イスラム教にはスンニ派とシーア派があり、イランはシーア派、サウジアラビアはスンニ派というように、どちらの宗派が支配的かは国によって決まっている。同じイスラム教といってもこの二つはきわめて仲が悪い。これを知らないと、スンニ派の人たちとのディナーでイランを支持するようなことを口にしてしまったりする。ビジネスならもちろん、その時点で商談は破談だ。

同様に、アメリカのビジネスマンとブッシュ前大統領について語ると

きは、キリスト教原理主義に関する知識がないと、ほんとうに深い議論はできない。なぜならキリスト教原理主義とは何かや、それとブッシュ前大統領との関係などは、アメリカのエリート層なら誰でも知っていることだからだ。

こういうグローバルな常識を血肉化するには、日ごろから海外ニュースに目を向け、わからなかったりピンとこなかったりするようなところがあれば、すぐにインターネットで調べるということを習慣づけるといい。

あるいは、身近な外国人をつかまえて直接、質問するのも悪くない。よく外国人と宗教や政治の話をしてはいけないなどという人がいるが、そんなことはまったくない。「あなたの宗教のここがわからない」と聞かれたら、相手もわかってほしいから必ず一生懸命説明してくれる。そうすれば生きた知識が手に入るだけでなく、本気で理解しようというあなたの姿勢が伝わって、相手からも好感をもたれるのである。このようにして関心をもった分野を「引き出し」としてマークしておくと、時とともにそれぞれの引き出しに独自情報がそうとう蓄積されることになる。それを時間のあるときに眺めながら、また次の段階まで理解を深めていく、という繰り返し作業だ。このような地道な努力を重ねていかないと、国際的な感度は高まらない。

●まずは相手の話をしっかりと聞くこと

海外に派遣されたら、何はともあれ、まずは現地の価値観を受け入れることが大切だ。日本のやり方というのは、日本という特殊な価値観の下でこそ成り立つのであって、世界中どこでも通用するわけではない。現地スタッフをやる気にさせるには、彼らの価値観に見合った指示の出し方や仕事の進め方をしなければならないのである。それには彼らの話に、真摯に耳を傾けることから始めるのがいい。どの国でも、話をきちんと聞くというのは、相手から信頼され、好かれる第一歩なのである。

私は大学生のころ、高価なクラリネットを手に入れるために、外国人

●グローバルに通用する

観光客相手に通訳のアルバイトをやっていた。この仕事のほんとうの旨みは、お客さんが満足するとチップをくれるところにある。

どこの国の観光客も最初は、「あの山は何という?」「あれは何川だ?」というように思いつくまま質問してくるから、この受け答えの正確さがチップを左右すると考えがちだが、じつはそうではないのだ。大事なのは、ひととおり質問が終わったあとに始まる自分の国、または町の自慢話のほうなのである。これを根気よく聞いてあげると相手は気分がよくなって、チップをたくさんはずんでくれるのだ。そして、これこそがまさにグローバル・マインドの基本なのである。

現地スタッフにとって重要なのは何か。それは自分たちの気持ちであって、会社の意向では断じてない。極端な言い方をすれば、現地スタッフは日本人マネージャーに対し、指示を出すのは勝手だが、従うかどうかは自分たち次第だと思っているのである。

だから、まずは辛抱強く彼らの話を聞いて、彼らの価値観や立場を理解し、このマネージャーは自分たちのことを本気でわかろうとしているという姿勢を伝えるのだ。

● 「Please =ていねい表現」というのは間違いである

ただし、それは現地スタッフに迎合したり、機嫌をとったりするということではない。彼らの立場だったらどう受け止めるかを考慮し、そのうえで、自分の意見をきちんと伝える。そうすれば、仮にそれが受け入れられなかったとしても、そこから建設的な議論が始まるのである。

もし一方的に拒絶や反発されたりするようなら、それは相手に対する理解が足りなかったか、あるいは、指示や意見のニュアンスを伝えるだけの英語力(場合によってはその土地の言葉)が不足していたかのどちらかだと思って間違いない。

後者についてもう少し詳しく説明しよう。海外でスタッフに指示を出したり命令を下したりするときは、通常、英語を用いるが、なぜか日本

人は英語になると、正しい文法や発音ばかりを気にする。

逆に、文章として正確なら、単語や言い回しが相手にどう受け取られるかはおかまいなしとなってしまいがちだ。これは和文英訳という日本の英語教育の弊害であり、さらに「英語ではいかなる場合もイエス、ノーの意思表示をはっきりさせることが重要だ」という誤解が、これにいっそう拍車をかけていると、私はみている。

コミュニケーションは心や気持ちが届いて初めて成立するのであって、そういう話し手の微妙なニュアンスを伝えるためにいろいろな表現方法があるのである。これはなにも日本語に限ったことではない。英語だけは正確にしゃべれば、こちらの意図まで自動的に伝わるなどと考えること自体おかしいのだ。

たとえば、ミスをした部下を怒るのに「I am angry」といったら、和文英訳のテストではマルをもらえるかもしれないが、実践では正解になるとはかぎらない。書類の出来が期待外れでがっかりしたという程度の弱い怒りなら「I am very disappointed」や「I am very sad」が適当だし、逆に不正が発覚したようなときは、「I am infuriated（私は激怒している）」でなければ怒髪天を衝くような怒りの強さが伝わらない。

このように、同じ怒りでもピアニッシモ、ピアノ、メゾピアノ、メゾフォルテ、フォルテ、フォルテシモというように段階があり、それによって表現の仕方も変わってくるのである。この微妙なニュアンスの違いをいかに正しく表現できるかが、とくに海外ではコミュニケーションの成否を決定づけるのだ。

それから、Please をつければていねいな表現になるというのも、日本人によくある思い込みである。同僚がもっている資料がみたいとき、いくら「Please explain to me」といったところで命令文であることに変わりはないのだから、言われたほうは「なんでお前に命令されなければならないのだ」と気分を損ねてしまうだろう。

そういうときは「I wish I knew」と「私もこれを知ることができればなあ……」という含みをもたせて話しかければ、相手も「じゃあみせて

あげよう」という気持ちになるのである。

●英語のニュアンスは肌で覚えるしかない

このような英語の使い方は、日本にいて和文英訳だけをやっているだけでは、永遠に自分のものにならない。やはり勇気を出して英語社会のなかに飛び込み、そこで恥をかきながら生きた英語を肌で覚えていくことがいちばん確実な方法だ。あるいは、日本にいる外国人と友達となって、週末は彼らとテーマを決めてディスカッションをしたりするのも効果はある。

私が学長を務めるビジネス・ブレークスルー大学院大学のオープンカレッジで行なっている「ビジネスマンのための実践英語講座（Practical English for Global Leaders:http://www.ohmae.ac.jp/ex/english/index.html）」では、いま話したような英語を使うマインドや英語のニュアンス、さらにシチュエーションに応じた表現を使いこなせるようになるためのプログラムを用意している。日ごろからこういうトレーニングをしている人なら、会社から海外勤務を命じられても、赴任初日から戸惑うことなく現地の人たちとコミュニケーションができるはずだ。

少子高齢化が進む日本の市場がこの先ますます縮小するのは、どう転んでも避けられない。今後、日本企業が生き残っていくためには、業種業界に関わらず、成長著しいアジア諸国の市場に、軸足をシフトしていくよりほかないのである。

そうなると、これから企業が必要とするのは、一人でアジアやその他の国に乗り込んでいってリーダーシップを振るい、現地の人をマネジメントし、その地域のマーケットで勝負できる人材、ということになる。

あなたの会社でも近い将来、そんな人材が求められる日がきっとくるだろう。そのとき、準備ができている人間は、「俺に任せろ」と自信をもって手を挙げることができる。もちろん、どれほど日本で準備を重ねようと、いきなりうまくできないのは仕方がない。だが、海外に出れば、今

度はそこで実践を通してさらに自分自身の能力をパワーアップすることができる。

二十一世紀のグローバル・リーダーというのは、そうやってできあがるのである。

【COLUMN 1】 ネイティブの力をうまく利用する"大前流"英文ライティング術

ビジネスにおいては繁雑に使う言い回しというのはそれほど多くはない。せいぜい100前後だろう。

だから、極端なことをいえば、ある状況でこういうことをいうにはこんな表現というのを100通り覚えてしまえば、それだけで事足りてしまうのである。

ただし、「英文ビジネス文書の書き方」のような教材を丸暗記してもダメ。なぜなら、このフレーズはどういう話の展開のなかから飛び出してきたのかとか、その言葉によって相手の反応がどう変わったのかといった具体的な情報までは、そこには含まれていないのが普通だからだ。

英語を母国語とする外国人とeメールのやりとりをする機会がある人なら、受信したメールの英文をそっくりそのままいただいてしまうのがいちばん。

そして、それらの文章を依頼や謝罪といったカテゴリー別に保存しておき、自分が書く段になったら、状況に応じた適切な表現をそこから探し出し、時制や固有名詞を変えてそのまま使うのだ。

さらに、そうやってつくった文章を、送信する前にそこそこ教養のあるネイティブの人に添削してもらえればなおいい。英語が母国語でない人が英語の文章を書くと、どんなに上手につくったつもりでも、英語圏の人からみると違和感を覚えるようなところがどうし

ても何カ所か出てきてしまう。そこを直すと、英語のレベルもコミュニケーションの質もぐっと上がる。

　私が以前、アジア太平洋地区会長を務めていたマッキンゼー・アンド・カンパニーでも、顧客へメールを書いたら送る前に、必ず社内エディターにみせてチェックしてもらうことが義務づけられていた。

マッキンゼーのような会社だと、単純な言い間違いが訴訟の対象に発展するというケースもないわけではないので、そういうリスクを避けるというのがいちばんの目的だが、それだけではない。粗野な文章では仕事の仕方も雑ではないかと思われてしまうから、そうならないように文章のプロの目を通して、より洗練された表現に変えてもらうのだ。

　こちらの意思をニュアンスを含めて的確に伝えるのは、簡単なことではない。ましてや母国語ではない言葉でそれをやるとすれば、なおさらだ。

　私が英語で本を出すときは、ロンドンから優秀な編集者を呼び寄せ、「私はこういうことをいいたいのだが、この書き出しでそれが伝わるか」「ここで用いた事例は欧米人にピンとくるか」といったようなことを、彼と一緒に一つひとつ検証しながら書いていくので、とても時間がかかる。

　また、彼がロンドンから日本にくる渡航費用や日本での滞在費用は私がすべて負担するので、出費もそうとうなものだ。しかし、本気で日本人が海の向こうの読者に何かを伝えようと思ったら、それくらいやるのは当たり前なのである。

異能を開花する

【COLUMN 2】 海外での仕事でいちばん役立ったのは、じつは「音楽」と「地理」の知識だった

なんでもいいから一つ自分の得意分野をもっていると、海外に出たときにはそれが威力を発揮する。

私は学生時代からオーケストラでクラリネットをやっていたので、クラシック音楽は私の代表的な趣味の一つである。そして、とくに欧米ではこのクラシック音楽の話題が、互いの距離を縮めるのにことのほか役に立つのだ。

というのも、欧米の知識層というのは例外なく音楽に詳しいので、「私はブラームスのこの曲が好きだ、なぜなら……」というような話を、エピソードを交えて詳しくしてあげると、それが相手の琴線に触れ、「じつは私もブラームスがいちばん好きなんだ。妻がピアノを弾くから今度家にきてくれ」と、ものの5分でアイスブレーキングできてしまうのである。

海外で仕事をするときにもう一つ役立ったのが地理。私は学生のころから地理が得意で、世界の主だった山や川、主要都市など、当時習ったことはいまでもしっかり覚えている。ロシアの5大河川やインドネシアの主要な島の名前をすべていえる日本人は、そういないだろう。

だから、初対面の外国人には「あなたの国にはこんな都市があって、そこではこんな産業が有名ですよね」という話をする。そうすると、とくに小国の人は郷土愛が強いので、この人は自分の国のことをよく知っているというだけで一気に胸襟を開いてくれるのだ。

要するに、音楽に造詣が深いとか地理に詳しいとかいうことがわかると、相手はその事実によって、この人は仕事だけではない、厚みや深みのある人間だと勝手に判断してくれるのである。信用を得られるかどうかというのは、じつはそういう要素が大きい。

●グローバルに通用する

> このように、地理や音楽のような、世界で通用する軸（じつは日本の高校で習う程度で十分なレベル）があるというのは、グローバル・マインドをもった人間の条件だといっていいだろう。

(THE21 2010年3月号　PHP研究所)

3. 議論する力

●「傾聴」「質問」「説明」この三つの力をまず磨け！

　国が助けてくれなければどうするか。タイタニック号の乗客よろしく、座して死を待つという選択肢もあるが、国に頼らず世界のどこでも生きていける人間、すなわち「世界で通用する人材」になってもらいたい。それには、なんといってもコミュニケーション力を身につけることが不可欠なのである。どんなに優れたスキルやアイデアをもっていても、自分の意思を伝え、人を動かしていくことができなければ、それを活かすことはできない。

　ただし、「I love you.」といわれたら、「So I love you, too.」と即座にい

えることがコミュニケーション力だと思ったら大間違いだ。スピーチ、プレゼンテーション、会議、部下のマネジメント、顧客の説得といったさまざまな局面で、正しい意思決定をし、それを相手に伝え、合意形成を図り、なおかつ行動を起こさせる、これがビジネスにおけるコミュニケーション力なのである。たんに英語で感情が伝えられるという程度では、まったく話にならないのだ。アメリカ人なら誰でもできる程度の英語なら、二束三文である。結果を出せてナンボ、のコミュニケーションを日本語でも英語でも同じ程度にできなくてはいけない。今回は、まずコミュニケーション力のなかでも、もっとも日本人が苦手とする「議論する力」を採り上げてみたい。

●「議論を詰める力」が圧倒的に不足している

相手を言い負かし、自分の主張を通すことが議論の目的だと思っている人がいるが、それは違う。議論の真の目的は、ある議題(テーマ)について相互に主張と反論を交わしながら理解を深め合い、合意に達することなのだ。

議論はまた、「問題解決のための最善解」を見出すために行なうものでもある。だから議論の結果、当初の自分の主張と異なる結論に至ったとしても、よりよい問題解決策が見つかったならば、その議論は十分に成功したといえる。実際、日本マクドナルドの創業者である故・藤田田氏は、日ごろから「議論のベストウェイはつねに(自分と相手の主張とは)別のところにある」とよく口にしていた。

では、どうすればそのような議論ができるようになるのか。それを次に考えてみよう。

そもそも、「議論する力」というのは、①相手の意見や主張に積極的に耳を傾け、それを正しく理解する「聴く力」、②相手の意見や主張に効果的な質問を投げかけ、な点や疑問点をクリアにする「質問する力」、③自分の主張や反論を相手に伝える「説明する力」の三つから成る。

●グローバルに通用する

　いずれも重要だが、議論の基本はなんといっても「聴く力」と「質問する力」だ。当然のことだが、相手の言っていることを正確に理解できていなければ、相手の意見に同意なのか反対なのかを述べることすらできない。

　まずは相手の意見に耳を澄ます。そして、正しく理解できたかどうかを確認するために、「要するに、あなたのいっていることはこういうことですね」と、サマリーをつくって質問してみる。それで間違いないとなったら、次は相手の主張を分解して、どこが自分の主張と同じでどこが異なるかを頭のなかで整理する。そのうえで、「私とあなたの意見が一致しているのは、この点とこの点です。反対に意見が異なるのは○○の部分です。○○の部分を重点的に話し合いましょう」といって、より狭い範囲に限定してお互いの合意点を探っていく。

　このように、「相手の意見を整理・分解し、議論を詰めていく力」は、議論を実りあるものにするうえで絶対に不可欠なもの。実際、世界のリーダーやトップビジネスマンは、みんなこれがじつにうまい。私が十八年にわたってアドバイザーを務めたマハティール前マレーシア首相も、「いま私たちの国はこういう問題を抱えていて、そのうち大前さんの力を必要としているのはこの領域です。なかでも、このポイントについて今日は意見を聞かせてください」というように、話を始める前にいつも議論のポイントが明確になっていた。だから短い時間であっても、濃密な議論ができたのである。

　一方、日本のビジネスマンには、この力が決定的に欠けているといわざるを得ない。政治家も同様だ。歴代首相でも、「議論を詰める力」をもっていたのは中曽根康弘氏くらいではないだろうか。中曽根氏は会うと必ず、「大前さん、この問題についてどう思いますか」と向こうから質問してきた。私がそれに対し答えると、すかさずそれを自分でメモして、「要するに、大前さんのいっているのはこういうことですね」と確認する。そのとき私が、「ちょっと違います」というと、「どこが違いますか」とさらに質問が飛んできて、自分が納得するまでこれを繰り返すのだ。

中曽根氏は、小泉純一郎氏など足許にも及ばない理解力の持ち主だったが、それは日ごろから相手の意見を整理し、要約する訓練を怠らなかったからに違いない。読者も、ぜひこの訓練を習慣化しよう。新聞を読んでいるとき、会議で相手の話を聞いているとき、ほかにもあらゆる場面で「ひと言でいうとどういうことなのか？」という問いを自分に発し続けるのだ。

●議論の質を高める「悪魔の主張」とは？

　もう一つの「説明する力」に必要なのは、一にも二にも論理的であることだ（それ以前に、「私はこう考える」という自分の考えをもっていることが大前提だが）。
　どんなに流暢（りゅうちょう）な英語を操っても、論理が欠けていれば人を説得することはできない。逆に、多少言葉は拙（つたな）かろうが、論理的に説明できさえすれば、どこの国の誰が相手であっても、必ず話の意図は伝わるのである。その意味で、世界共通言語というのは英語ではなくロジカルシンキングのことだと私は思っている。
　論理的というのは、①主張が明確で、②その主張を支える具体的、客観的な根拠（データ）があり、③根拠と主張のあいだに矛盾や飛躍がなく、双方向に（So What ?/Why So ?）の関係となっている状態をいう。
　しかしながら、とっさに論理的な説明をしようとしても、慣れないうちは難しいだろう。そこで、事前に自分の主張を論理的に組み立てておくのだ。
　それには、ピラミッド・ストラクチャーを書いて整理するのがいい。まず、三角形の頂点に自分の主張を書き、次に、根拠となる事実やデータを底辺に列挙する。最後に、根拠と主張のあいだを論拠（理由付け）で埋め、全体像をつくりあげるのである。
　これをやると、事実の裏付けのない部分や、たんなる思い込みにすぎないところなどが一目瞭然でわかるので、自分の主張が論理的かどうか

●グローバルに通用する

判断するにはもってこいなのだ。

　こうして話す前に論点をまとめ、ストーリーを組み立てたうえで、「私の主張はこうです」と最初に結論を述べる。そのうえで、「その理由は三つあります。一つは……」と説明していけば、あなたの主張の説得力は格段に高まるだろう。

　また、相手の主張に反論する際にも、頭のなかにピラミッド・ストラクチャーをつくりながら検証していくと、論理的でない部分がすぐわかる。そうしたら、「その主張はどんなデータに基づいているのか」「その事実からその結論に至る論拠を説明してほしい」といったように質問をしていけばいい。

　反論というと、日本企業の会議では面と向かってしづらい空気がある。しかし世界では、議論を深めるために参加者の一人が故意に反対意見を唱えることも珍しくない。これを「Devil's Advocate（悪魔の主張）」というが、反論が出ると、お互いに緊張して議論するため、切磋琢磨から従来よりもよい答えが導き出せることがある。このことを世界のトップビジネスマンはよく知っているのだ。だから、あえて反対意見をいってくれる人はありがたい人、ということになる。

　　　　＊

イギリスでは高校時代から、授業で徹底的にディベートの練習をさせられる。北欧では小学校低学年から、自分で考えて意見をいうことを求められる。
かたや、日本の学校では答えを覚えさせることには熱心だが、「議論する力」を鍛える教育はいっさい行なわれない。そういう意味では、日本のビジネスマンは最初から大きなハンディを背負っているといっていいだろう。

　しかし過去を振り返れば、ソニーの故・盛田昭夫氏、富士ゼロックスの小林陽太郎氏など、「議論する力」を身につけて世界で認められた日本人経営者も少なからずいるのである（とくに盛田氏は、英語はお世辞にもうまくなかったが、その説得力は抜群だった）。

私がマッキンゼー時代に指導した約五百人の部下たちも、仕事を通して「議論する力」を身につけ、いまさまざまな分野で活躍している。だから私は断言できる。「『議論する力』は、日本人でも訓練すれば絶対に習得できる」と。

(The21 2009/1月号　PHP研究所)

----

4. 結果を出せる英語力

――英語をマスターすればあなたの未来は確実に変わる！

◉「英語で仕事ができる人」が世界中で爆発的に増加した

　この十年で、世界共通語としての英語の地位は完全に確立したといっていいだろう。

　かつてはドイツ語とフランス語がその覇権を争っていたヨーロッパでも、EU体制となってからは、英語が事実上の共通言語になっている。

　たとえば、スペイン、ポルトガル、イタリアで講演をするときは、以前だと通訳が必須だったが、いまでは私の話す英語がそのまま通じるの

●グローバルに通用する

で、その必要はない。

　東欧やロシアでも、英語でビジネスができる人の数は劇的に増えている。思えば旧ソ連時代は、誰も英語の必要性など感じていなかった。経済が自由化して世界中と交易するようになり、「英語ができないのはハンディキャップ以外の何物でもない」と痛感したのだろう。

　アジア諸国への英語の浸透度合いも、また目を見張るものがある。すでに英語を国の公用語としているシンガポールやマレーシア、フィリピンは言わずもがな、最近はインドネシアでも、英語ですべて事足りるようになった。欧米諸国との関係が決していいとはいえないミャンマーでも、一定のポジションより上の人たちはみな英語で問題なくコミュニケーションができることをご存じだろうか。

　しかし、なんといっても急激に英語力を伸ばしているのは韓国だ。私も教えている高麗大学や梨花女子大学のような名門校は、世界中から教授を招いて英語で授業を行なっているので、TOEICの点数が九百点を超えていないとまず入学できない。それで、みな小学生のころから必死になって英語を勉強するのだ。日本の子どもは毎日四時間ゲームに興じているそうだが、韓国では同じ時間、英語を勉強していると思えばいいだろう。

　ただし、世界中の人が英語を使うようになったといっても、みんながアメリカ人やイギリス人のような英語をしゃべっているわけではないから、その点は誤解しないでいただきたい。

　グローバル化が進み、国外に工場をつくって外国人をマネジメントしたり、海外の市場にモノやサービスを提供したりする必要性が高まってくると、どこの国や地域でも使える言葉がないのはどうしても不便だと、多くの人が感じるようになった。そして、必然的にその役割を担うことになったのが、世界でもっとも多くの国で話されている英語だったのだ。

　だから、大事なのはリーダーシップを発揮し、交渉を有利に進め、相手の意思決定を促す際のコミュニケーション・ツールとして機能するこ

と。つまり「結果を出せる英語」なのである。極論すれば、結果さえ出せるなら、文法が正確だとかネイティブのように発音できるとか、そんなことは気にしなくていいのだ。

●受動的な勉強法では英語は絶対身につかず

　私にいわせれば、日本人は英語の勉強の仕方が根本的に間違っているのだ。
　間違いは少なくとも三つ。
　一つ目は、正しい英語でなければならないという思い込みが強すぎること。最初にいったように英語はコミュニケーション・ツールなのだから、意思疎通ができて結果が出せれば、それでいいのである。ところが、日本人はというと、三単現のsがないとテストで×をつけられるような教育をされてきているので、パブロフの犬よろしく誤りを犯すことに異常に敏感になってしまっている。だから、英語を口にする前に頭のなかで念入りに文法や構文のチェックをし、少しでも自信がないと黙り込んでしまうのだ。これでは結果など出せるはずがない。
　正しいか正しくないかといったら、イタリア人の英語などそれはひどいものだ。三単現のsどころか、彼らは「We is」などと平気でいう。もちろんちゃんとした英語を話す人もいるが、一般人はそのレベルだ。それでも彼らは何ら臆することなく、ちゃんと自分の意思を伝えられる。目の前にかわいいロシア人女性がいたら、その英語でちゃんと口説いてしまうのだ。文法的に正しいかが気になり、なかなか声をかけられない日本人とは大違いなのである。
　正確な英語にこだわるあまり、とんでもない損をしてしまう。これはなにもナンパに限ったことではない。ビジネスの現場でもこういうことは頻繁に起こっている。それもこれも、英語を○×で勉強してきているのが原因なのだ。
　二つ目の間違いは、英語を学ぶ姿勢が受動的であること。英語の勉強

●グローバルに通用する

というと、たいていの人はテキストを買ってきてレッスン一から順番に覚えていくようなやり方をする。毎年、四月になるとNHKの英語講座のテキストが売れるのは、毎月段階を踏んで勉強していけば、一年でそうとうの英語力が無理なく身につくと思い込んでいるからだ。

だが、実際に始めてみると、自分があらかじめ知っている単語や例文は覚えられても、新しいことはなかなか覚えられないし、覚えてもすぐに忘れてしまう。結局、勉強といっても、やっているのは知っていることの確認にすぎず、これでは英語が上達しようもない。それで、ほとんどの人は夏がくる前にあきらめてしまうのだ。

私は、なにもNHKの講座がよくないといっているのではない。あらかじめ用意された教材を暗記するような受け身の姿勢に異を唱えているのである。

先に、「こういう状況でこの相手にこんなことを伝えるにはどういえばいいのか」という具体的な欲求があって、その欲求を満たしてくれる単語や表現を自分で探して覚える。これがあらゆる語学の習得法の基本なのだ。カフェテリアでおかずを選ぶように自分から積極的に取りにいくからこそ、生きた言葉が頭に刷り込まれ定着し、実践でも威力を発揮するのである。そういう勉強法に変えないかぎり、いくら時間をかけても日本人の英語がうまくなることはないと断言できる。

三つ目の間違いは、和文英訳と構文暗記を重視しすぎることだ。

たとえば、「なぜ、君は月末までにこのデータを僕のところにもってきてくれなかったのだ」という思いを英語で伝えようとすると、日本人はたいてい "Why didn't you bring over this data by the end of this month?" というような言い方をしてしまう。和文英訳のテストならこれで○をもらえるのかもしれないが、実際の場面でこんなことをいったら、相手は非難されていると感じて険悪な雰囲気になってしまうことだろう。

この場合は、「このデータを月末までにもらえると、僕はすごく助かる」というニュアンスが伝わる言い方をするべきだ。そうすれば相手も、

「だったら助けてあげようか」という気になる。

　国語の成績がいいから、あの人はコミュニケーション能力があるとはいわないだろう。そんなことは常識なのに、なぜか英語になると日本人は、文法が正確なら自分の意図どおりに相手が動いてくれると思ってしまうのだ。

●まずは徹底的にヒアリングをせよ

　それでは、「世界で通用する英語力＝結果の出る英語力」というのは、どうやれば身につくのだろうか。

　まずは徹底的に英語を聴くこと。他国の人に比べ日本人は、英語に接する機会が圧倒的に少なすぎる。それで英語に耳が慣れないから頭で考えてしまうのだ。日本人がＬとＲの違いやthの発音が苦手なのも、こうやって発音しなければいけないと日本語で考えて、そのとおりにしようとするからなのである。そうではなく、耳で覚えてそれをそのまま発音すればいいのだ。

　だから、聴くときは左脳で意味をわかろうとせず、できるだけ右脳を使って、音楽や鳥の鳴き声に耳を傾けるつもりで聴くこと。素材は何でもかまわない。

　私は大学時代、高価なクラリネットを買うために、力仕事などに比べて割りがいいといわれていた通訳のアルバイトをすることにした。しかし、当時の私には、受験勉強で培った程度の英語力しかない。そこで、駐留米軍向けの英語放送であるAFN（当時はFEN）を朝から晩まで聴きまくった。すると、わずか半年で運輸省の通訳案内業試験に合格してしまったのだ。

　いまならCNNやBBCも簡単に視聴できるから、その手の海外メディアを一日中流しておくのもいいだろう。そうすると、赤ちゃんと同じで、いつの間にか考えなくてもセンテンスが、英語らしい発音で口からこぼれるように出てくるようになる。出てこないうちは聴き方が足りないのだ。

●グローバルに通用する

　ただし、単語だけは別途覚えたほうがいい。必要だと思う言葉はノートに書き出すなどして、食前食後に眺めていれば、自然と覚えてしまうだろう。

　語学は受け身ではなく自分から取りにいかなければならないという話はすでにしたが、それには欧米人のセリフを丸ごと盗むのがいちばんだ。たとえば、ある映画に会議の場面があったとしよう。一人の男が立ち上がりひと言いうと、途端にそれまで勝手にしゃべっていたほかの参加者が、話をやめてその男を注目した。そうしたら、そのセリフをそのまま暗記して、実際の会議で使ってみるのだ。

　あるいは、オバマ大統領の演説で、聴衆が感激して拍手をしたところはどこかをチェックする。それをやってみると、どんな言葉や表現が人の琴線に触れるのか、いわゆる英語のニュアンスがわかるので、聴衆の反応とセットでセンテンスを覚えておけば、あとあと必ず役に立つ。

　あとは、実践あるのみ。語学はスポーツや音楽と同じで、自分で使わなければ絶対に上達しない。スキーを考えてみるといい。部屋でマニュアルをみながら、ここで谷足加重、このタイミングで抜重などとやっていても、上手に滑れるようになるはずがないのである。そんな暇があったら、ゲレンデにいって一本でも余計に滑る。それも、ラクに滑れる緩斜面ではなく、コブだらけの急斜面を滑るのだ。それで、どうしてもうまくいかなかったらそのときは、それをうまくできる人にどうやったらいいか教えてもらう。これがもっとも合理的かつ効果的なスキー上達法なのである。

　英語も同じように考えればいい。英語を使ったコミュニケーションの回数をとにかく増やすのだ。たとえ英語と無縁の会社や部署であっても、いまの日本なら、その気になれば外国人と接するチャンスはいくらでもある。試しに外国人の友達を一人つくってみるといい。それだけであなたの英語力は飛躍的に伸びること請け合いだ。

●英語の勉強がなぜか長続きしない理由

　最後に、一つ付け加えておかなければならないことがある。それは、英語に限らず語学というのは一朝一夕にはものにならないという、きわめて当たり前の事実である。だから、なんとなく英語がしゃべれるようになればいいという程度の動機では、すぐに投げ出してしまうのは目にみえている。

　これまで英語の勉強に何度もトライしたけれど、いつも続かなかったという人は、たぶん勉強を継続するだけの強い動機がなかったのだろう。それは、英語ができるようになって手に入るものが具体的にイメージできていなかった、といってもいいかもしれない。

　断言してもいいが、英語が使いこなせるようになれば、あなたの未来は確実に変わる。

　少子高齢化で人口が減少していく日本の国内市場には、ほとんど伸びしろがないといっていいだろう。

しかし、目を海外に向ければこのインドネシアのように、成長余力のある国はじつはたくさんある。今後、日本企業が成長するためには、そうした新興国に出ていくしかない。それに、新興国なら欧米と比べ希望者も少ないし、頭を抑えつける上司もいない。若くして大きな仕事をするにはもってこいだ。そして、英語で結果が出せるという自信があれば、彼のように手を挙げて「俺に任せてくれ」ということができるのである。

(The21 2009年12月号　PHP研究所)

● グローバルに通用する

5. 感動させるスピーチ力

●論理の飛躍や矛盾を海外の聴衆は見逃さず

スピーチというのは、ただ伝えたいことや思いのを言葉にすればいいというものではない。人びとを納得させ、彼らの行動を望ましい方向に変えるというのが、スピーチの目的なのである。

そのために重要なポイントをいくつか挙げてみよう。

一つ目は、話の内容がロジカルであること。とくに、欧米というのはロゴスの世界だから、論理矛盾があるような話はまず受け入れてもらえない。私自身も講演で話をしながら「この部分は論理的に飛躍しすぎているかな」と思うことがたまにあるが、そういう部分を海外の聴衆は絶対に見逃さず、必ずあとで厳しく指摘してくる。

剣道と同じようにちょっとでもスキがあったら、そこを突いて相手を倒すという訓練を子どものころから受けている
彼らは、それが習慣になっているのだ。そんな彼らに日本式の理より情に訴えるスピーチは、ほとんど通用しない。
説得力のあるスピーチをするには、まず自分の主張をサポートし、バックアップするための客観的事実や証拠を徹底的に集めることだ。

では、客観的事実を十分に集められないようなテーマや状況下で話をしなければいけないようなときは、どうすればいいのか。

たとえば、「何かの案に反対だが、未来のことだから一〇〇％正しいかどうかは誰もわからない」という状況があったとする。

そんなときには、「論理的に一〇〇％間違っているとはいえないけれども、私のいままでの経験では、この種の曖昧な証拠に基づいて行動したときには、後悔することが多かった。たとえば、こういうことがあった。こういうこともあった。今回の案はこれらに酷似しているので、私

としては非常に躊躇する」という控えめな言い方で説得するという方法がある。つまり、「自分の経験」を仮の証拠にして、「なるほど」と思わせるのだ。

ただし、「新聞にこう書いてあった」とか、「テレビで評論家がこういった」というような類は証拠にはならないから勘違いしてはいけない。これまで新聞や評論家がどれだけ間違えてきたかを考えれば、なぜ証拠にならないかは説明の必要もないだろう。

二つ目は、イメージが明確であること。

そういう意味では、テーマは一つに絞ったほうがいい。二つ以上になるとどうしても印象が拡散して、聞き手に強いインパクトを残すことができなくなってしまう。極端なことをいえば、話そうと思っている内容の四割は思いきって削り、「私は今日、このことだけをいうためにここにきました」といって話を始めると、それだけでこれまでより格段にいいスピーチになるはずである。

三つ目は、話の内容が聞き手にとって身近であること。抽象的な言葉で高邁な理念や理想ばかりいくら語っても、具体的な日常を生きる人たちの耳にはなかなか届きはしない。それが自分たちの生活にどのように影響してくるのかがはっきりして、初めて人びとはその主張に真剣に耳を傾けようとするのである。

四つ目は、そこにドラマがあること。スピーチというのは聴衆を感動させてナンボなのである。だから、同じことをいうにしても表現を工夫して、どうしたら相手の心に響くか、言い方を考えるのはもちろんだが、それだけではまだ十分ではない。歌舞伎でもただ台本をみながら淡々と口上を述べていたら、誰も感動などしない。山場で「音羽屋」「高砂屋」などと声がかかるのは、そういう気持ちになるように、役者が序盤から考えて演じるからである。

スピーチも歌舞伎と同じ。聞き手を感動させるにはドラマが必要なのだ。

私はスピーチのプロだから、構成や話し方の引き出しが複数あり、話

の内容やどういう講演かによってそれらを使い分けるということができるが、普通の人にそれは無理だし、そこまでやる必要はない。起承転結をはっきりさせ、できるだけゆっくり抑揚をつけて話す。重要なところにきたらいったん間を置いて、さらにスピードを落とす。これで十分である。

● YouTube などで名演説を観て学べ

スピーチがうまくなるいちばんいい方法は何かといえば、それは場数を踏むことである。そして、もう一つは、他人の上手なスピーチをたくさん聴くことだ。そこで、最後に、日本のビジネスマンがぜひ聴いておいたほうがいいスピーチをいくつか紹介しておく。

　　　　＊
①バラク・オバマの大統領選勝利演説
　オバマ大統領のスピーチのいいところは、誰にとってもわかりやすいところだ。難解な言い回しは避け、初歩的な英語ができる人なら理解できるレベルの単語や表現で文章を構成し、話の内容も百人中九十人が、「自分たちもそう思う」と思わず膝を叩きたくなるような事例がちりばめられている。

　また、ブッシュ前大統領のような露骨で直接的な言い方をしないところも好感がもてる。たとえば、かつて戦争をした日本と協力して世界金融危機と立ち向かうというときは、「アメリカの港を攻撃されたこともあった」という言い方をして、「真珠湾」というセンシティブな表現は絶対に使わない。このあたりはオバマというより、彼のスピーチ・ライターであるジョン・ファブロー氏が優秀なのだろう。

　オバマのスピーチでは、大統領の就任演説がなんといっても有名だが、私はそれよりも、大統領選の勝利が確定した際にシカゴで行なった演説のほうが秀逸だと思う。

　彼はこの演説のなかにアン・ニクソン・クーパーという、アトランタ

で実際にオバマに一票を投じた百六歳の女性を登場させている。「彼女が生まれたとき道にクルマはなく、空に飛行機はなく、女性と黒人に投票権はなかった。しかし、彼女が生きてきたあいだにアメリカは変わった」という話をして、そこから「アメリカは変わることができる」という自分の主張に結びつける構成は見事としかいいようがない。

　こういう具体的な話がなく、ただ「Yes,we can change」とだけいっても、それではなかなか人びとの心には届かないのである。実際、クーパー女史は大統領就任式のときに最前列に招待されて座っていた。

②スティーブ・ジョブズのスタンフォード大学卒業式でのスピーチ

　アップルコンピュータのCEOであるスティーブ・ジョブズはこのスピーチで、自分が正当な親の子どもではないということや、貧乏で大学にいけなかったという人生の負の部分を包み隠さず語っている。そして、それらはすべて「Stay Hungry. Stay Foolish」という彼のメッセージにつながっていく。このとき、ジョブズはすでにガンに侵されていた。まさに身体を張って、人生において大事なものは何かを伝えたのである。

　とくに語るべき適当なテーマがないときは自分のことを語る、これもまたスピーチの基本だといっていい。

③ランディ パウシュの『最後の授業』

　カーネギー・メロン大学でコンピュータ・サイエンス（バーチャル・リアリティー）を研究していたランディ・パウシュ教授が、最後の授業で行なったスピーチは、彼が余命数カ月の末期ガンということもあって、文字どおりこれが『最後の授業』となった。

　自分が子ども時代にどんな夢をみていて、それを妨げようとするレンガの壁をどうやって叩き壊してきたかという話を、具体的な例を挙げながら説明していき、最後は、人生で成功するかどうかはわからないが、夢を持ち続けるとこんなに素晴らしいことが起こるのだと結ばれる。

●グローバルに通用する

テーマがはっきりしていて構成に無駄がない、さらにパワーポイントによる写真の使い方も効果的で、説得力がより高まっている。まさに誰もが参考にしたいスピーチのお手本だ。

　　　＊

　これらはいずれもインターネットを探せば原文や日本語訳が手に入るが、いきなりそういうものを読んでしまうのではなく、できればYouTubeやDVDなどで音や映像を観たり聴いたりしながら、しゃべり方や雰囲気を味わってほしい。

(The21 2010年1月号　PHP研究所)

第5章　BBTで実践するテクノロジーを活用した異能教育

1. 「育成の法則」　BBT大学学長 大前研一 ◎

（大前スペシャル 42）

「ビジネス・ブレークスルー」と言うのはとにかく「ビジネス」で「ブレークスルー」をしたいという事で '98年に始まった会社です。'98年の10月にいわゆるスカパーのチャンネルを1つ買いまして、そして24時間365日、スカパーで経営のプログラムを流す。こういう事でしたけど、その初日から視聴者の方からメールが来て、スクリーンの上で質問を受けたり、色んな意見を頂き、1週間分溜まってくるとその1週間に起こった経済または経営の事について2時間位毎週話す。そして他の講師の方の番組も含め365日24時間、創業以来ずっと続いて本日に至っております。

● グローバルに通用する

　その中で我々はちょうど10数年前、アメリカの南カリフォルニア大学（USC）と提携しまして、それでMBAが取れるようにという事で1年を日本で全部ディスタンスラーニングでやって、二年目に成績が良ければ現地の方で1年だけでMBAが取れるという事をやりました。この時にUSCはやっぱりディスタンスラーニングという事を、あの学校がそのインターネット創業をやったにも関わらず、「授業に出席しているかどうかもわからない人に、どうやって単位を与えるのだ？」という事で、かなりディグリーを出すという事に抵抗していました。私は「それを確認出来ればいいのか？」と聞くと、「そうだ」と言うのですね。一計を案じまして、パソコンにはクロックが付いています。それでクロックと同期しまして、授業開始の時にそのスタートのボタンを押す。そしてランダムに1時間の間に5回アルファーニューメリカルを出して、そのアルファーニューメリカルをその瞬間に（プラス／マイナス何秒があるので）押す。この感覚ですとスーパーなどで使っているユニバーサルバーコードと同じ様に、この感覚で"7"を押したとか、この感覚で"W"の字を押したという事になると、1時間終わって終了ボタンを押しますと、それは観てない人にはこのアルファーニューメリカルは押せない訳ですね。それでUSCに教えてしまうと「アメリカでこの特許を取られるとまずい」と考え、日米同時に申請しまして、これが今ディスタンスラーニングの視聴認証の基本になっています。向こうも「その形式であればいい」という事で、言ってみると単純な発想ですが、クロックがあるのでそれと同期をさせればいいという事でこの特許を取得しました。

　いわゆるeラーニングが非常に普及してきても、私共は文科省認可の学校もやっていますので、やはりこちらの方も出欠確認が重要なのですが、最近はモバイルの環境が非常に好まれます。我々もiphoneが出来たら即座に、iphoneでもipadでも受講できる（その前にipodっていうのもありましたけど）という体制にいたしました。ipadの場合には目の前にキーボードが付いていないという事なので（浮き出させるとい

う事は出来るけれども、必ずしも付いていない)、新たにランダムな感覚で出てきたものに"揺する"様にする。あれはその任天堂のダブルスクリーンのマシンなんかはみんな加速度センサーが付いているので、それを"揺する"様にすると、その瞬間に観ていたという事がわかるという事で、これまた特許に出したのです。そしたらある視聴者(学生さん)が、電車の中でこれを観ると「痴漢と間違われて嫌な顔された」と文句を言ってきたので、画面を叩くだけでいい様にまた変えました。最近は先生の言っている事を賛成なら、縦にこう振ります。先生の言っている事に反対だったら「NO！NO！」と横に振りますという特許を取っています。我々は常に最先端で双方向のテレビというものを世界でも初めてやりましたので、そういう意味では無人の境地なので出すものは、殆ど特許を取ってしまうのです。その位、スタッフの皆で問題が起こる度にシステムを開発し、そして特許まで取る。まぁこれからは皆さんもeラーニングに物凄いご関心があるという事ですので、そう簡単にはいかないと思いますけど、今までのところは意外に多くの人がこういう簡単な事をやってなかった。ですから視聴認証の必要な方は、是非我々の特許を使って頂ければと思います。

　それからもう一つは千代田区は小泉改革の時に学校の特区になりまして、学校法人ではなく株式会社として学校をやっていいという事になりまして、我々もそれを申請して受け入れられました。一方その小泉改革というのは役人の方は嫌いですから、「大学を経営するのは特区だから結構ですよ」と言うものの、大学設置基準というのは変わっておらず、その準拠した事をやろうとすると、まずその全部を遠隔(ディスタンス)で行うのであれば放送大学と同じなのでいいけれども、これはインターネットのみを用いた通信大学なのだから教授が実際に対面で教えたらいけないと言うのです。通信大学というのは素晴らしいですよね。カテゴリー的に言いますと、通信は郵便で送ってきて、それに対して送り返すという、これと同じカテゴリーに入れられてしまったのです。だから皆

●グローバルに通用する

さん、今日はeラーニングの大会に来ておられますが、eラーニングのカテゴリーというのは文科省的には無いのです。だから通信だと、こうなる訳ですね。対面でやるという事は考えてないので、先生が学生と会いたくなって「講義やりましょう」と言えば、大学設置基準上は学生一人について何平方メートル以上の校地が必要という訳です。こんなのですね、我々は日本最大のMBAのキャンパスをAir Campus®という事でエアでやっている訳で、千代田区で広大な校舎を作れと言うのですからこれは困ったとこういう風になる訳です。先生はカラオケなんかに行くのはいいけれども、色々授業をやるような講義をやってはいけないとくる訳です。

それから医務室を作れという訳ですが、我々の生徒というのは、ドイツに住んでいたり、ペルーに住んでいたりする訳ですよね。「医務室ここに作って何するのですか？」と聞くと、大学設置基準上は医務室が要るという訳です。

それから素行不良の者を避けるために指導員を置けという訳です。大体、離れた所で一人で勉強しようという向学心に燃えた人が素行不良というのは考えられないですけどね。

それに図書館を作れということで、我々が申請したのは10年前ですけれども、「図書館はGoogleです。」と言うと、「Googleとは何だ？」と、そういう時代でしたから。中々素晴らしい経験をさせて頂きました（笑）。

つい最近、先生が必ずしも居ない離島とか色々な田舎の方で、やはりネットでやる様にしなさいと、出来る様にしましょうということで、規制緩和がありました。皆さんあれを見て、「これからはそういう所というのはディスタンスラーニングでいいのだな」と思ったら間違いです。あれはディスタンスラーニングなんですが、先生とそこの生徒が1対1でなくてはいけない。LIVEじゃなきゃいけないのです。ところが我々は時差があるような世界中でやっていますよね。LIVEは無理なのです。こっちでやっている時に、ドイツは何時だと、アメリカは何時だとこう

いう風になりますから。だから文科省は今のところ今度の規制緩和においても、先生の数が少ないからこそ、そういう所で教える事が出来る様にするという意味でネットを使っていますけど、実際にはこのネットの美しさというのは、時間シフトとロケーションシフトなのです。だから我々もモバイルでやっている人は、ものすごい時間・授業を大体受けていますけれども、通勤の時に1時間以上観ています。だからパソコンからモバイルに変わった人は、平均1時間以上授業に参加する時間が長くなっています。我々には教務課のシステムもありますので、それぞれの受講生の人がどのくらい視聴しているのか、どこから急に落ちてしまったのかという事がわかりますので、その先生のある授業以降は、なぜかちゃんと出てないぞとなると、基本的にその先生の授業で皆がそういう状況になると、その先生の何時間目の授業は問題があると、先生の側にフィードバックが行く様になっています。この様な事をずっとやってないと、普通のクラスですと先生がきて密室になりますよね。我々の場合、他の全ての先生がその他の全ての先生の授業を観られますのでかなり透明性が高い。それから質問とか或いは意見を言うのは、タイムシフトが無いと無理です。なぜかというと、ある人は忙しいから昼間は観られないけれど、通勤の時プラス土日に固めて観る。授業の単位は必ず一週間で、一コマ。その一週間一コマのキャッチアップは一週間の間でやると。クラスのディスカッションに関しては、我々は Air Campus® という一つのブラウザーから講義を流し、シラバスを流し、そしてクラスのディスカッションをしていて、このディスカッションも全部マルチメディアになっています。色々な図を出したり、写真を出したりして、自分の意見というものを主張していくという風なシステムになっています。この Air Campus® をずっと使っております。

　非常に Air Campus® に慣れてしまうと、いわゆる集団知と言いますか、『We are smarter than me』という me 一人より we の方が絶対にスマートだよと、そういう本がありましたけれども、色々なディスカッショ

●グローバルに通用する

ンで、やはり集団知というのは凄いです。色々な業界の色々な人が、歳も非常に離れている様な人がクラスメートに居て、先生の講義に対してディスカッションをする。そうすると何回も刷り込まれます。もちろん同じ講義を少し理解出来なかったので、2回目という場合には我々のAir Campus®では速度を速めて、例えば1時間講義を40分で観る事ができます。それから英語の先生の発音でちょっと聞き取りにくいという場合には、速度を伸ばして1.1倍とか1.2倍速で観る事が出来ます。ところがそうすると音声が変わってしまうじゃないですか。速度を早くすればソプラノになってしまうし、遅くするとバスになってしまいますよね。これを我々は最初のその先生の音域に合わせて、加速してもゆっくりにしても同じ音声になる様にする。この辺の所もずいぶん工夫してやっていますし、英語で先生が言っている時、あるいはゲストの人が英語でしゃべっている時には同時に2チャンネルありますから、もう1個の方で日本語のダビングしたものを見せると、こういう事もやってきています。まぁ今大体6000時間以上のコンテンツを作っていて、日本の経営者の話というのは1000人位あります。1時間スタジオに来て頂いて、あるいはこちらに来られない方はそちらに赴いて、その人が思いきり自分の事業戦略とか（いわゆる我々は経営の学校ですから）、経営について語ってもらいます。この良さというのは同じコンテンツは他の経営者も聞いていいという事です。元々、株式会社で我々は経営者の教育をやっていましたので、そういう風な所で死ぬまでお付き合いすると。「Life Time Empowerment」という、その「Empowerment」のところを、経営者のところまで続けて頂くということです。これは今、日本全国で400社位の人に入って頂いて毎月勉強して頂いているという状況ですけど、その内のコンテンツの一部というのは大学院とか、大学の人も観るという事で、株式会社であるというのは学校そのものをやるというよりも、やはり経営者がどうしても勉強してほしい様な項目があると、我々の方がそのコンテンツを作って、また一番最適な人をゲストとして呼んできて、そして話を聞き、これを皆でシェアする。

もう一つですね、日本企業がこの10年位で非常に加速したのが海外事業の展開です。これはロケーションは、自ずと散らばります。今エアバックで話題の「タカタ」という会社があります。5000億位の会社ですけども、世界中50か所位でやっている様ですが、車の会社などはもっとたくさんあります。そういう所に出て行った人達をどうやって経営教育するかというのは、非常に日本企業にとってはシリアスな問題ですが、ここはもうeラーニングじゃないと、絶対に無理です。一々、その為に集合教育と呼び戻す訳にもいきませんし、日本にいる人だけ教育するというのも、これまた非常に大きな問題が起こります。ですから同時にそういう人達にも学んでもらう。学んだかどうかの足跡が全部わかる。どういう発言をしたかもわかる。この様に、企業の中でクローズドなものがあります。また、我々がいくつかやっているものはオープンで、色んな企業がきて勉強をするというものもあります。まぁ他流試合ですね。この辺が非常に重要で、eラーニングと言っても多くが非常に深いものだと私は思います。我々は'98年以来ですね、16年間の間に考えられる事を殆どすべてやってまいりました。考えられるとは、我々が考えられて、目の前にこういう問題があるといった事は、大体出来る様になったと思います。

　ロケーションシフトというのは、最初は非常に問題がありまして、ネット環境が悪かった訳ですね。1時間の授業を視聴するのに、国によってはダウンロードに6時間かかるという所もありまして。その場合にはDHLとか、その手のものでDVDにしてそこに送るという様なことをずっと続けてまいりました。今はそういう国も非常に少なくなりまして、大体、少なくとも、ipadとかそういう物があれば視聴出来るという様になっています。初期の頃は、郵送会社じゃないかという位に出していました。ですからこの辺はだいぶ改善したなと思います。それからアカマイというシステムがありますけど、同期ができない場合はアカマイを使ってローカルのサーバーを一回通して、同期して貰う事をトライしました。いずれにしても発足当初というのは、これだけのコンテンツを一

●グローバルに通用する

斉に流すというのは非常に大変だったので、色々工夫しましたけれど、今は飛躍的にその辺は改善していますので、あまりその辺の苦労というのは聞かなくなりました。我々は大学・大学院もやっていますけれど、大学の場合には学生として本来だったら18歳で大学に入ってきてキャンパスに行かなくてはならないのですが、我々はキャンパスに行く必要はなく、どこにいてもいい訳ですね。ですから在学中に何十ヶ国と回って、世界中を知る為に旅した人もいます。当然の事ながら、ロシアにいて受講する人も出てくる。私も旅行しますけれども、元々の発想というのは、私の様な人間が教育をやる時に、どこにいても生徒にはばれない（笑）。これが非常に重要な動機でして、私の方は実は遊びまくっているという様にしていても、ちゃんと授業に出られる。これは物凄い特典ですよね。先生は講義の所に来ていなければどうするのと言いますけども、私の場合には、そういう問題で抗議を受ける事はないという事ですね。ですからディスタンスラーニングというのはロケーションフリーで、教える側にとっても、それから学ぶ側にとっても、或いは集団の皆で議論する場合にもタイムシフトさえやれば、同じテーマで、少なくとも1週間は議論が出来る。それは非常に有効です。クラスでパッと聞いただけだと必ずしもそうはいかないですけど、基本的にそれを何回もクラスメートとディスカッションして、そういう考え方以外の考え方があるのかどうか。授業の時も「君達質問ありますか？」と聞きますよね。でもあんまり日本のクラスでは聞きませんよね。私はスタンフォード大学でも教えていましたけれど、スタンフォード大学の場合には、40分くらいのコマとすると、先生が10分くらい言ったら、後の30分は質問だけですから。質問させないと、生徒が怒り始めますから。一方的に先生が言っていいのかと、こういう風になるわけです。日本の場合には「君達、質問ありますか？」と聞くと皆、知らん顔していますよね。クラスという意味では殆ど、アテンションをやるというのはあまりないです。この辺は Air Campus® でやるとガラっと変わります。発言しないとその人は存在しないのです。だからこれは日本のいわゆるその集合教

育などでもそうですが、黙っていてもいいわけじゃないですか。それがAir Campus® の場合には、発言しなかったらその人は存在しない訳ですね。21 世紀は、絶対そういう世界になります。ネットでそうやって自分の意見を出す、ネット上でのリーダーシップ。これは物凄い重要な資質となっておりまして、学校だけではなくて、授業を進めていく上でも、或いは、色んな国の人達とディスカッションしながら、自分の意見に集約していくというような事も 21 世紀の最も大切な経営スキルの一つですよね。これはネット上で勉強しないと、身につかないですから。顔を見ているとね、この人は偉い人だとか、なんかあの人は声がでかいから聞いてやろうとかになりますけど、ネット上は皆、「イコール」ですから。私はしばらく男性だと思っていた「シゲミ」という人は女性だったり、女性だと思っていた人で素晴らしい岩手県の方も、会ってみたら男性だったりするのです。要するに「ジェンダーフリー」ということもそこではあります。ハンドルネームは、我々のクラスでは禁じています。ネットカフェの様な所で、自由にディスカッションする形で、どんな話題を出してもいいという所ではハンドルネームでもいいよということになっていますが、クラスの先生と先生の行った講義に対して発言する場合では、自分の名前をちゃんと名乗らなくてはならないという様になっています。

　まぁ今英語という問題が非常に大きくなっておりまして、我々の場合はオーストラリアのボンド大学と提携してボンドの MBA を出しているのですが、その場合には 1 年目は英語と若干の日本語、2 年目はオールイングリッシュです。我々の GMBA（グローバル MBA）も、ボンドと提携していない我々自身の BBT 大学院でも GMBA というのも持っていますが、この場合も 1 年目は日本語で議論して、議論する力を 1 年身につけた上で、2 年目は英語ということになります。まぁ TOEIC で800 点以上でないと 2 年に進級出来ないという圧力をかけておきますと、そういうラインまでになります。また TOEIC800 点はきついとい

●グローバルに通用する

う事になると、そのためのコースもあります。これは TOEIC と言うのは、器械体操と一緒ですから。とにかくこういうことでやるんだよという TOEIC の点を上げるノウハウを持った先生が何人かいますので、そういうことを勉強する。だからその場合には半年なり一年遅らせてこの力をつけて、英語で議論が必要な 2 年に進級する。現地には 2 週間行きますけど、現地のボンド大学でワークショップをやって卒業認定をされるというやり方です。

　英語の力というのは私もアジアでずっと仕事をしていて見ていると、やはりこの間、1 番英語が伸びたのは韓国とマレーシアだと思います。韓国は金大中（キムデジュン）の時に IMF の進駐軍が来てものすごい屈辱を味わった訳ですね。'98 年・'99 年のことですね。その後に二度とこういうことがないようにということで、金大中さんがいわゆるインターネット社会では世界最先端を行こうということで、そういうポリシーを出し、まず英語というものを学ばせるという事をやりましたので、日本と同じ位のレベルだった国が、今ではアジアの中でもトップクラスの英語のレベルになっております。それで逆に日本語を学ぶ人も一杯いたのですが、韓国の場合、殆どいなくなりました。同じ様に、台湾もたくさん日本に留学して（日本大好き人間が多い台湾ですけども）、やはりこの間の 10 年以上を見ていると、留学先は殆ど、アメリカ・イギリス・オーストラリアという英語国になって、日本に対する理解は今の世代はいいとしても、その次の世代はかなり苦労するということを思います。台湾の成功というのは、言葉が 3 つ出来る。中国語がネイティブで、日本語が上手で、そして英語が出来ると、日本から技術を入れ、部品を中国で組み立てて、アメリカに輸出して金を稼ぐパターンです。そういう事が、将来の台湾は難しくなると思います。マレーシアは、私はマハティールさんのアドバイザーを 18 年やっていたことありましたが、やはり国語論争というものがありまして、「マレー語」、それから 30 何％は中国系ですから「中国語」、昔のイギリスの植民地ですから「英

語」という論争がありました。私が言ったのは「そういう国語論争があると、不毛な戦いになる。学校で何語で教えていいか。英語を教えるのではなくて、何語で教えていいか」。それで英語か、マレー語で教えていいという様にルールを変えましたら、理科系とか数学では皆、先生は英語の方の先生を呼んで来たのです。オーストラリアやイギリスから来て教えると、自然と英語で教える様になって、あっという間に英語がうまくなりました。

だから英語を教えるとなると日本みたいに6年教えても、ハワイの通関・入関手続きが出来ない、単純な3つの質問に答えられないという素晴らしい教育ですけども、英語で教えるとグッと伸びます。ですからマレーシアと韓国が一番デルタが大きかった。

ヨーロッパではドイツです。圧倒的にドイツの会社は英語でマネージ出来ないと、部長以上に「なれない」という様になっていまして、日本も将来そういう様になっていくと思います。社員の半分以上が非日本人と、ロケーションも日本以外の所が、非常に大きくなっている。こういうことですので、英語で仕事が出来ないと非常に大変という事になりますが、文科省的に言うとこれはちょっと難しいです。中学校の英語の先生の平均成績がTOEIC560点です。高校の英語の先生の英語の成績がTOEIC650点です。ですから英語をこれから勉強しなくてはならないレベルの先生が英語を教えなくてはならない訳ですから、これは非常に難しいと思います。

ただeラーニングというかディスタンスラーニングというのは語学には物凄く向いています。我々も現在、フィリピンで50人くらいのインストラクターを（我々の社員ですけども）雇っていて、そこでのフィリピン人の英語というのは、インド人の英語と違って非常にアクセントがアメリカ的と言いますかね、聞き取りやすいので、ここで50人位で、皆さんの馴染みのシステムで言うと、skypeみたいなもので25分1コマで1つの経営上のテーマで勉強するという事になっております。我々

●グローバルに通用する

の大学でも大学院でも、この科目は必須科目になっておりまして、それを何回も繰り返す。例えば非常に重要なマネージャーが「辞めたい」と言って来た、どうやって説得しますかと。我々がやるのは経営上の問題だけですから、そういう説得について向こうといきなりこれを始めると。1回目はうまくいかなくて25分が終了したとすると、2回目にチャレンジ、3回、4回と出来る様になるまでやると、こういうやり方をやると英語が出来る様になってしまうのです。英語の勉強でNHKの4月から始めると、6月には力尽きてしまいます。しかし相手と1対1で今の様なテーマでやりますと、出来る様になっていくことを1個ずつ、潰していく。こういう経営上よく遭遇するケースや、自分が司会をするなどといった自分が遭遇するケースを何10と我々の方が用意して、それをやってもらうということをしています。私もフィリピンの方に行って、フィリピン側から日本の生徒さんがどういう風に見えているのかといったことを見ましたけど、このマカティという所は"光回線"が通っていますので、非常に通信環境もいいので、何の問題もなく相手の顔を見ながら対話できるという状況です。いずれにいたしましても語学は、本当に英語だけではなく、中国語もそうですけども、ネイティブとそうやって1日20分。足りなければもう1コマまた20分とテーマを決めてやる。これが非常に有効だと我々は感じておりますので、カリキュラムの中にも埋め込んでやっております。それから書いたものを添削して、ワードの赤ペンをいれて返してもらうとか、パワーポイントのプレゼンテーションを直してもらうとか、パワーポイントのプレゼンテーションをやってもらう、直してもらう。こういう様々な、色んな状況が考えられますが、ディスタンスラーニングというのはこの様な事については非常に向いていると思います。

　もう一つですね、どういう所にそういうインストラクターになる様な資源があるのかと考えますと、アメリカとかイギリスの引退した先生です。Retired English Teachers Associationというのがアメリカにはある

のですけど、こういう人は国語の先生です。母国の国語の先生ですよね。55か60歳ぐらいで引退すると、あと10年以上はピカピカの英語の先生ですけれど、こういう事をやって時給幾らでやるとすると、家に居ても稼げる訳ですよね。ものすごいインセンティブなります。英語のレベルも非常に高い。こういう事です。ですからこの領域というのは、我々はまだ本当に氷山の一角というのをかじっただけと思っています。ゆくゆくは日本人が、マレーシア人とか、シンガポールもうまくなりましたけども、他のそういう国に負けないレベルに行くにはもうeラーニングしかないと思います。

　日本の場合には、ALT（Assistant Language Teacher）という英語のネイティブの先生をイギリスから1,500人呼んで英語の授業のアシスタントにした事があります。ところが英語の先生が自分が英語が出来ないものだから生徒の前で2人でやらない。ネイティブの先生が教える時と、自分が教える時と別れてしまい、コンビネーションが全くなくて、「バカにするな」と1,500人が皆帰ってしまったのです。だから英語の先生がその人と一緒にやるというシーンは最も有効だと思いますが、この人達がせっかく日本に来て頂いても先生になれない。なぜかというと英語の先生になる試験を受けるのに、日本語で受けなくてはならないのです。ですから殆どこの世界は日本の英語教育をスキップして、そしてネイティブのいる場所とネットで繋いでやるという方法しかないと私は思います。

　一方、我々は去年の11月にアオバジャパン・インターナショナルという学校を買収しまして、今その経営をやっております。これは高校までです。幼稚園は1.5歳から始めますが、倍率が一番高いのは1.5歳です。やっぱり日本の親御さんは「年中」位からインターナショナルの学校に入れると、「ちょっとハンディキャップがあるとうちの子はかわいそうだ」となって、じゃあ、「年少」で入れようかと言っている間に、

◉グローバルに通用する

1.5歳のクラスが1番倍率が、高くなっています。だから日本の親も、自分達と違ってうちの子は最初からバイリンガルにしようと思うと1.5歳なのですかね。おむつを変えるのがメインの仕事みたいな年齢から始めないといけないと認識されている親御さんが非常に多いという様に感じます。授業料は決して安くないですけれども、それだけ労働集約型なリアルな教育もやっております。ですからこの後ですね、これからプラットフォームを作っていき、日本中のそういうニーズのある所にはAir Campus®みたいなものでこれを提供しようと我々は思っています。

　実は高校も我々は、やっています、これは千葉県の東葉高校と一緒にディスタンスラーニングを始めたのです。この元々の目的というのは、日本企業から50万人位の人が海外に出向していて、息子や娘を連れて行っている人も結構います。この人達が日本の学校を出られる様にする、または日本の大学を受けられる様にするために、現地ではドイツならドイツの学校に通っていても、日本語の勉強をする。それから日本人学校と言いますかね、日本語学校がある所は非常に少ないのでそれ以外の所に出向している人はこれが出来ない。そういう人にこういうディスタンスラーニングやってもらうということで、千葉県の市川学園の姉妹校の東葉高校で始めたのですが、これは認可されたのはいいのですけども、ネットでやるのに大きな問題があるのです。なぜかというと、千葉県のこの学校の通信教育は、東葉高校に通学できる範囲に居住している（千葉、東京、神奈川、埼玉、茨城、栃木、群馬）生徒しかだめだという訳です。私はドイツだなんだと世界中に行っている人、あるいは登校拒否をして学校に行きたくないって子に家でやってもらうという事で、その中には物凄い才能を発揮できる子も居ると思うんですね。そういう事を夢見てこの学校を始めたんですけども、ダメだという訳です。つまり文部科学省的にいうと千葉以外のテリトリーを荒らしてはダメだという訳です。しかし私は例えばドイツの出向者の息子さんや娘さんに向けてやりたい、そういう発想が全くないのです。それを公にやった際には

ライセンスをキャンセルしますと。これは凄いですよね。やっぱり「霞が関」は強いですよ。ライセンスをキャンセル、こういった訳で千葉県で細々とやるしかない、こういう様になるわけですよ。登校拒否の人は全国にいます。そういう人が来てくれたら物凄く良いじゃないですか。親も安心しますよ。これでちゃんと高校を出て、むしろいい成績で出るかもしれない。希望が持てます。ネットの持っている物凄い可能性を今のところ文科省は、いずれ変わるとは思いますけども、今の所ダメなのですよね。親御さんが1番悩んでいる登校拒否とか、或いは海外に出向して、息子・娘を日本の大学に行かせたいけどどうしようという場合、ディスタンスラーニングが最も有効と思われる時にそのようにはならないのですよ。だからもちろんそういう人に勝手に私立で、日本でやるのはいいのですけども、実は実際の高校でやるという方がもちろんいい訳ですよね。大検なんか受けずに日本の高校を出たってなればいいわけですから。私はこの辺については文科省がいずれ気付くだろうと、いずれ治るだろうと思いますけども、まぁ今度の離島なんかでやっていくというのはリアルで行わないとダメだというのです。せっかくロケーションはシフトしたのだけど、時間はシフトできない。したがってコンテンツは作れない、こういう事になります。

　アメリカなんかもeラーニングの学校というのが、「フェニックス大学」とか色々ありますけど、我々はそういう研究をいたしましたがあんまり上手くいってないです。10万人入ってきて、卒業する人は2％とか3％です。理由ははっきりしています。退屈なのです。1人であんなテキストばっかりずっと読んで、それに答えていくという、こういう1対1になると、やはりその点は、退屈です。それから講義していても、むさくるしい先生が1人で出てきて、BSチャンネルの後ろの方でもやっているじゃないですか。何とか大学とか、何とか受験とか。皆、あれ寝ますよ。我々はその辺の抜群のノウハウ持っていますから、寝せない。さっき言ったボタン押さなくてはならないから。むさくるしい先生が1

●グローバルに通用する

人でやらないで可愛らしいキャスターを付けるのですよ。若干コストはかかりますけれども、このキャスターの人が自分に変わって、むさくるしい先生の人に質問したり、「そうですね」と頷くだけで、自分も頷くじゃないですか。1時間ちゃんと持つのです。これはですね、皆さんに言ってしまいますけれども、大変なノウハウですよ。それに気が付いて、しかもクラスディスカッションで、後でちゃんと観たかどうかクラスディスカッションに入れるのです。クラスディスカッションになると興奮します。「おぉ、凄い奴がいるなぁ」と。僕が気が付かなかった事をこの講義で学んでいるなという様になる訳です。そうなってくると、やはりクラスに一生懸命に出る様になり、発言もする。これで我々の大学院は85％の卒業率です。仕事が忙しくて2年で卒業出来ない人は、5年間、授業料を高く取りませんので、5年間を自分のペースでやってもらう。あまりこれを仕事両立・家庭両立・何かと両立とやりますと、体に対する負担というのが非常にきついので、マイペースを見つけてくださいということです。最初の3か月位でマイペースを見つけると、スローダウンしていこうという様にもなる。大学というのは8年間OKです。そういう様にする事によって、卒業率というのは、今述べた全てをやると非常に上がります。サイバーというのは何となく味気ないと思うかもしれませんが、毎日サイバーで会っているクラスメートはサイバーキャラを完全にわかって、初めてオフラインで会った時はもう初めての様な印象は全くないです。我々は、サイバー上にサロンも持っていますので、サロンでもプライベートな事を言っていると、物凄い親近感を持って、あたかも一緒に育ったかの如くなります。ですから全くそういう事はないです。学生の人はオフラインで会うのは好きですね。それで段々と勉強で「ここの部分が出来ない。」なんて事も個人的に助けてもらえます。非常に我々もありがたいと思っているのですが、我々の大学院の卒業生は、後輩も勉強するのを助けたいと思っています。今では卒業生の大体100人くらいが、ティーチングアシスタント（TA）とかラーニングアドバイザー（LA）ということで後輩の指導に当たってくれています。

こういう学校はないと思います。全部サイバーで育っていますので、とにかく次の人達が来た場合はとにかく貢献させてくれという事で、そのアシスタントもクラスに行く必要なく、Air Campus® でやればいいだけですから。そういうアドバイスをしてくれる。ですから先生も非常に助かります。先生の方も全部自分の方でやっていると大変ですけど、ベテランの卒業生の人達がそういう所を助けてくれる。この輪を広げていくという事ですね。卒業生がサイバーの船主となってですね、ずっと広がっていくと。こういう事を我々は経験しています。

　次に我々がやりたいと思っている事は、アタッカーズ・ビジネススクール（ABS）というものをやっておりますが、これは起業家養成学校で、事業といったものをどうやってスタートするのかという事で、20年位、これをやっているのですけど、今まで5,500人が卒業されまして、創ってくれた会社の数が800あります。2014年の12月11日に卒業生の元榮君の弁護士ドットコムが上場が決定しまして、それからその次の日にクラウドワークス、吉田浩一郎君ですけど上場が決まって、2日連続で我々の卒業生の会社という訳で、大体、現在、10数社が、上場に至っており、800位の会社を創ってくれています。これは、やはり集合でやっているのですね。その一つの目的は、集合でやって合宿などをやる事によって仲間が非常に増えて、「じゃぁ、二人で起業しようか」と、そういう様な話も出てくるのです。また、日本全国にそういう様な事をやりたいという方がいますので、これをABSの"e版"というものを今トライしています。それによって、とにかく起業したいと思ったら、どんなに田舎に居ても出来る様にと、東京まで出て来なくてもいい様にという事です。我々は、1回、大阪キャンパスを作って、ネットで繋ぎました。今、この講演のこの話もサテライトでどこかでやっているみたいですけども、やはり先生の立場からすると、そればかり気にすると、目の前にいる人にとっては、何となく私達の目線じゃないなと、イライラと見てやっていましたよ、という事になるのですね。「質問」というと、こっ

● グローバルに通用する

ちの人ばかりを当てて、「違う所で手挙がっています」と、「あれ？スクリーンで気が付かなかった」と色々、問題もありまして、数年で止めました。でも、私は Air Campus® を使って、これをやるという事を始めており、これによって日本の景色は、変わると思います。要するに、「起業」みたいなもので。我々は起業家養成、或いは、応援を一生懸命やってきましたが、やはりどこにいても起業出来るという環境を作るという事により、特に若い人は、新しい会社を創る事を躊躇すると、寄らば大樹の陰ということでいきます。このメンタリティを壊すにはそういう事なのだろうなと思います。ですからこれはまだ非常に未完成なものですが、是非、実現していきたいと思っております。

あとは「企業」ですね。企業の教育、人事部とか、教育係というのは、集合研修に慣れている。したがって「集合研修というものを年何回やりました」とか、「あの先生に頼みました」とか、皆さんの中でもかなりの方々でそういう方がおられるかもしれませんが、ディスタンスラーニングに対して非常に抵抗があります。我々は、企業研修もやっていますけども、出来たらリアルでやってくれと、こんな先生が来るのであればリアルでやってくれとこういう事を言われますが、実際は 100 歩譲ってミックスでやらないと、研修後は非常に変わっても、2 か月後には誰も覚えてないという事になってしまうわけですね。ですからこれをコンスタントに高めていく為には、我々が、大学とか大学院で使っている様な Air Campus® みたいなものでずっとやっていくという事をしないと、研修の効率が悪いという様に思います。ですから、殆ど、これは伝道師みたいな形で、「ディスタンスラーニングの方がいいですよ」と言うとアレルギーの人が多いので、「では、最初はミックスでどうですか」という様なことで、企業研修にディスタンスラーニングを導入するという事を、我々は今まで働きかけています。しかしこれも充分ではありません。中々、その辺の抵抗が強いと思います。社長に対しては「今年は何十時間やりました」「みんな集まってこういう感じです」「みんな

こんなに良かったです」「アンケートを見てください」とやっているのですが、1年後には何の教育か覚えてないという人が殆どですよね。私は、昔もそういう教育を各企業に対して行ってきた経験がありますけれども、やはり、この"e"によってコンスタントにエネルギーが注がれ、新しい知見が更に越えられると思います。これは非常に重要な要素だと思いますので皆さんも是非、これをトライしてもらいたいと思います。Air Campus® というのはこの後、私以外に、宇田先生も話されると思いますのでそのあたりをデモすると思いますが、是非皆さんも触ってみたり、叩いてみたりして頂ければと思います。少なくとも、日本で最初に、今お話ししたような事をやり、1万人以上がここにぶら下がって、そしてとにかく世界のどこに行っても勉強が出来るという様な事をやってきていますので、多分、問題があれば今までの間に修正しているか、また今、新しい問題が出れば我々は、全部自分達で、中で開発していますので、（開発を第三者に任せてはいませんので）必ず直すという様に思います。ですから是非、皆さんもそれを触っていただいて、そしてどんなものなのかを確かめてもらえればと思います。恐らく、皆さんもこの様なもので企業内で使っている人もいるかもしれませんが、我々の16年間の経験というものを有効に使って頂ければと思います。全てが遠隔で済むとは思いません。スキンシップも重要だと思いますが、遠隔でやって人間関係が出来ると、リアルで会っても、非常にスムーズな人間関係、それが続いていきます。卒業生もずっとこの Air Campus® の中で毎日出会うという様になっていますので、是非その辺は、皆さんも我々の経験を捉え、うまく使って頂きたいと思います。

（e-Learning Awards 2014 フォーラム：2014/11/14）

● グローバルに通用する

2. "eラーニングで上場&大学院開学10周年" 1歳半から社長までの生涯教育&三世代教育をeラーニングで実現していく──◎

ビジネス・ブレークスルー大学 経営学部学部長
宇田 左近 氏

宇田 宇田左近と申します。ビジネス・ブレークスルー大学大学院で過去5年間、講義を受け持ってまいりました。大学は今年設立5周年を迎え、この3月に初めて卒業生を輩出しました。これから更にまた、次のステージに向かって進んでいくということで、この4月から大学の学部長に就きカリキュラムの見直し、或いは大学全体のプログラムのバージョンアップを行っております。幸いこの度BBT大学はeラーニングアワードを頂きました。その受賞にあたってのポイントというものをいくつかあげて頂いたわけですけれども（図1）、今日はこの機会にこのBBT大学という大学が、どういう人たちを輩出しつつあるのか、そのためにこのeラーニングで行なう遠隔の大学の授業が、どういう役割を果たしているのか、お話ししたいと思います。

この受賞にあたってのポイント、まず一つは『学生生活がオンライン上で完結するようになっており、時間と場所の制約をほとんど受けない学生生活が可能になっていることを実証した』ということですね。今年初めて卒業生が出て、その人たちが起業を目指し、あるいは社会で活躍しはじめている。後で少し詳しくお話をしますが、いろんな新しい場で卒業生たちの活躍が始まっているということで、BBT大学のe-learningの仕組みの有効性が実証されたと考えています。

2つ目の点としては、『社会人の学び直しと更なるキャリアアップの場として機能しており、欧米の大学と比べ日本の大学で大きく欠落している社会人の再教育の場として明確に認知されるに至り』ということです。生涯学習ということ、まさに60幾つかの方までいらっしゃいますけれども、それを実践しているということです。組織としては、BBT大学はここに書かれているように『学校教育法一条校』ということで、大学の学位を正式に出す大学です。そこで学ぶ学生は8割以上が社会人です。最近専業学生、すなわち、高校を卒業してすぐにBBT大学に直接入ってこられる方が増えつつありますけれども、それでも8割ぐらいが社会人の方々で占められています。これはオンラインの大学であるということがおおいに役に立っていると思います。

3つ目として、具体的な運営方法として、ドロップアウトをしない仕組みとか、オペレーションの部分で、過去10年間にわたってユーザーの立場からのこうありたい、といういろんな要求を満たすために創意工夫をしてきたことによって、総合的な人材育成の仕組みというものができていると、評価をいただきました。

最後に『社会人としての多様なキャリア形成までを見据えた人材育成

図1　厚生労働大臣賞　受賞にあたってのポイント

ビジネス・ブレークスルー大学は本格的なオンライン大学として、2014年に3月に卒業生が社会に輩出され、入学式と卒業式を除き、様々な学習活動、各種手続き、関連する決済、各種サポートといった学生生活がオンライン上で完結するようになっており、時間と場所の制約をほとんど受けない学生生活が可能になっていることを実証した。

組織としては正規の学校教育法一条校であるが、学生の平均年齢は30歳、約80％が25歳以上でかつ8割が社会人である。

このようにフルオンラインの環境提供により社会人の学び直しとさらなるキャリアアップの場として機能しており、欧米の大学と比べ日本の大学で大きく欠落している社会人の再教育の場として明確に認知されるに至り、キャリア形成、就業支援としての役割を果たしつつある。

この取り組みの中で、学生がドロップアウトしやすいタイミングとイベント（DTE,Dropout Triggering Event）をデータから特定し、対策を行い、開学初期に15％程度あった半期ドロップアウト率を10％以下まで改善するなどオンラインで学生を定量的、統計的に管理できる特性を生かしたICT活用による総合的な人材育成の仕組みを実現している。

また、特にキャリア支援として、卒業生に総額1億円の起業支援制度（SPOF,背中をポンと押すファンド）を用意するなど社会人としての多様なキャリア形成までを見据えた人材育成の新たな機関としても評価できる。

●グローバルに通用する

の新たな機関としても評価できる』ということで、こういうことで厚生労働大臣賞を頂いたということだと思います。

　BBT大学経営学部は、現在学生が700人を超えております（図2）。学部の中には二つ学科があります。両方併せて在籍者数が733名。教育理念は、ここにお示しした通りで、『知的創造を礎に国際的視野と開拓者精神を持ち、先駆的指導者たらん人格を涵養し』というものです。グローバルにリーダーシップを取れる人たちを育成することにコミットをしている大学です。この教育理念と、オンラインの遠隔授業で世界中に散らばった日本の人たち、或は今事業をやっている方々、或は社会で勤めている方々に対して、有効な教育の機会を提供していくということは実は、表裏一体というか、不可分なものなのです。この教育理念を実現するために、このような仕組みができてきた、ということなのです。BBT大学にどのような人たちが在籍しており、どのような人たちが卒業しているのかということを見ると、皆この国際的視野と開拓者精神を持っている。こういう人たちがなぜこのオンラインの大学に集まるのか、そこで何を学んで、次に何に向かって羽ばたいていくのか、本日はその部分を中心にお伝えをしていきたいと思います。

図2	BBT大学 経営学部 概要
名称	ビジネス・ブレークスルー大学（略称：BBT大学）
学部・学科	経営学部　グローバル経営学科/ITソリューション学科
設置年月	2010年4月(大学院は2005年4月開学)
在籍者数	733名
教育理念	(一部抜粋)ビジネス・ブレークスルー大学は、知的創造を礎に、国際的視野と開拓者精神を持ち、先駆的指導者たらん人格を涵養し、世界社会に貢献する
キーワード	議論と集団IQ(集合知)を生かした学び、アクティブラーニング

大前研一学長の言葉でいうと学生に対しては「能力を最大限、当大学で引き出し、世界へ羽ばたいてください」(図3) というメッセージとなります。ポイントはこの右側の図です。学生さんが真ん中に居て、大学はそれをあらゆる角度からサポートをするという仕組みになっています。企業の例ではお客さんが中心に居て、企業全体がそれに対してサポートします、となりますが、BBT大学では、次に向かって羽ばたく学生を中心に置いて、ラーニングアドバイザー、講師、私もその講師の一員ですけれども、クラス仲間、それから、これらの人たちがそれを全面的にサポートする。

　学生個々人のモチベーション維持向上をサポートしたり、それから学生を地域の仲間とかアルムナイとか、あるいは大学院のアルムナイのネットワークと結びつける、あるいは学生に対する奨学金など資金的サポートをするといったことを含みます。全てはこの中に入ってくれた学生たちが、この場を最大限に活用して、それで起業する、あるいは新しいビジネスに挑戦をし、羽ばたいていくという、まさにその一点にBBTの全てが向いていることになります。これらの周りの人たちが、どうしてこのように学生をフルサポートできるのかを考えてみると、このAir Campus® といわれているサイバーネットワークがいかに有効なのかが

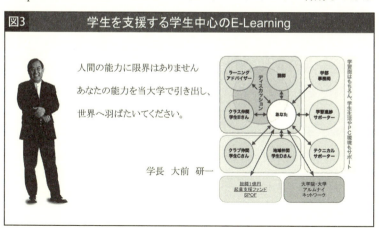

図3　学生を支援する学生中心のE-Learning

●グローバルに通用する

わかってきます。リアルの世界だけであったら多分、このようなサポートはできなかったと思います。

『国際的視野と開拓者精神の浸透』(図4) ということについて、学生の皆さんに意見を聞いています。

卒業後の進路希望とか海外で働くことへの興味を聞いてみたところ、起業したい、という人の割合がかなり多い。BBT大学にはそういう人たちが集まってくるということですね。それからこれを見ると、海外で働くことは当たり前である、というような人たちでもあります。最近、日本の大学の中で、海外に行って留学をしようとか、チャレンジしてこようという人が減った、というような記事がありました。それに対して国からお金を出したり、あるいは企業がお金を出して、何とかグローバルに活躍できる人たちを後押ししようという動きがあります。有名大学においてそのようなことをやられている所もいくつかありますけれども、われわれは全く逆なのです。BBT大学には本来的にそもそも海外に出て働こう、あるいは起業をしよう、あるいは海外で起業しようという人たちが集まってくる。それは一体なぜなのでしょう。一つは教育理念として、もともとそれを実現するために大学の仕組みの全てが組み立てられている、ということだと思います。それから、これからご説明するAir

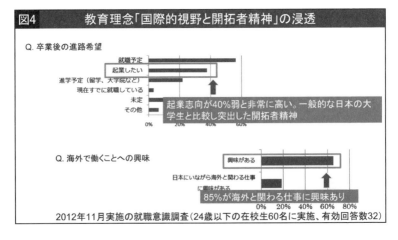

図4　教育理念「国際的視野と開拓者精神」の浸透

Campus® というものが、実はそのような人たちの行動にぴったり合っているというか、合わせてきたということもあるのではないか、と思います。「通学しながら旅をする。」これはある学生さんで今度卒業された方ですけれども、彼女はこのビジネス・ブレークスルー大学在学中に五大陸を制覇した。28カ国に行ったわけですね（図5）。このように海外に行っている間にも大学の勉強ができるということです。実際起業とか、新しいことを始めようという時に、世界のいろんな所に自分で実際に身を置いて、自分で体験してみる、自分で考えてみるということは非常に大事なのではないかと思います。この女性の体験記にはアドリア海に行って、海を見ながら、というシーンも出てきます。世界各地で体験を積みながら、しかも、全ての授業に出ながら、「遊牧する」。こういうような人たちが、何人も出てきています。

　それから、地域仲間も生まれてくる。サイバーであるから、別にみんなが実際に集まってくるわけではないのですが、実はこの地域仲間とかクラブ仲間のネットワークというのが、非常に作りやすい仕組みになっている。そして、全体のネットワークとしては非常に大きな存在となっている。BBT大学としては、先ほどお話ししたようにまだ700数十名なんですけれども、他に大学院、大学院の卒業生も大勢いる。今回買収

図5　通学しながら旅をする＝ノマド学生

この学生の場合、開講期間中に28カ国を訪問し、現地の学生や地域の人々と交流した。その間も受講は途切れること無く続いていた。

ノマド学生の三種の神器
インターネット
PC or スマホ
英語

●グローバルに通用する

したアオバジャパン・インターナショナルスクールという学校にも卒業生が大勢いる。それからBBTの会員の方々ですね。これはアタッカーズ・ビジネススクールやリーダーシップ・アクションプログラムとか、いろいろな研修教育プログラム等がございます（図6）。こういうような人たちというのが全国あるいは世界に散らばっていてグローバルなネットワークが形成されているわけです。

それから特徴的なのは講師です。それぞれ経営学の講座の先生は実際の経営者、起業の講座の先生は起業家という人たちが講師として、教員として並んでいるわけですね。見ていただければ分かると思います。大事なのは、サイバー上の大学なので、講師自身も自分で仕事をしながら、スマホあるいはPCを使って授業をすることができる。そこからの質疑議論を受けて、自分の空いている時間で返事をし、さらに議論を深めていくということが可能になる。ですから、学生の側からするとこれらの人たち、それぞれ起業家の人たちとか、それから今事業、まさにその仕事をやっている人から直接議論、コメントを聴くことができる。この仕組みは、オンラインの大学、大学院でないと実現できないのではないかと思います。経営をやったことがない人たちに経営が教えられるのかというと、それは非常に難しい。起業したことがない人が、「起業におい

図6　BBTのネットワーク

	アオバ(1-18)	学部	BOND MBA	大学院
在学生	320	720	370	460
卒業生	7000人(推定)	56	827	727

BBT会員
約10万人

卒業生+在学生
約8610名

在学生
約1900名

て重要なことは」と言っても、あまりチャーミングな授業にはならないだろうと思います。それぞれ今、現業でやっている人たちというのが、あるいはそれで一つの仕事を成し遂げた人なんかもいらっしゃいますけども、そういう人たちがみんなで学生の成功をサポートしていく、という仕組みは、このサイバー上の大学で初めて可能になったことではないかと思います。私も今、某会社の調達委員会委員長として、一方で実務として企業変革のサポートをしながら、このBBTで教えることが可能です。土日、あるいは休み時間や移動中等、空いている時間帯で学生と議論をしたり、それから学生をサポートする、ということが十分できますので、Air Campus® の仕組みを通じて学生をサポートしていくということはやりやすいと、実感しています。Air Campus® についてもうすこし詳しく触れておきたいと思います。BBTでは全てサイバー上で、あらゆるキャンパスの行為が行われていますが、Air Campus® というのはこれを全部を包含するような形でできています。これは過去10年以上の経緯の中で変遷し、更新されてきました。ここで原さんをご紹介を致します。原さんはこのAir Campus® をずっとこれまで育ててきたというか、育ての親みたいな方なので、彼から直接、Air Campus® についていくつかの重要なポイントについて話をしてもらいたいと思います。原さん、よろしくお願いします。

原 ビジネス・ブレークスルーのシステム開発部のリーダーの原と申します。BBTに来て今年で15年にもうすぐなるんですけど。結構長くAir Campus® の開発というものに関わってまいりました。

　Air Campus® 自体は2002年ぐらいから作っているものです。使い方に「型」というものはあまりないんですけども、あえて申し上げますと、まず何をやるかというところですね（図7）。何をやるかということをまず理解して、それをやって、学んだ事の確認、これ理解度クイズなんですけれども、ものによるんですが、理解度クイズがあったり、その後ディスカッションして、というのをグルグル回すと。こういったことが

●グローバルに通用する

　Air Campus® の代表的な使われ方ですね。先生とか教授、TA とか、あと教務の人が話し合って、割と柔軟に利用されています。

　iPhone が出てきたのは、もう 7 年前なんですよね。だからもう、モバイルで学習ができるということは別に特別なことではない、と私たちは考えています(図8)。この Air Campus® のモバイル型ができたのは、2010 年なんで 4 年ぐらい前になります。そのときから今の基本的なモバイルラーニングの要素というのはあったんですけれども、その辺、少し紹介していきたいと思います。

　これが受講する画面で（図 9）、ご覧いただいたように先生が話しているのが両方にありますけども、こんなのよくあるじゃないか、という話なんですけれども、ちゃんと見た所とかそういったのを全部記憶して、両方で同期してるんですね。なので、例えばモバイルで電車の中で見て、それで途中で止めて、家に帰ってまた PC 開く。ただ単に終了した時間を覚えているだけじゃなくて、再生した部分、繰り返した部分をそういうのを全部覚えてるということなので、学習記録をシームレスに同期している、というような感じになります。

　こちらはディスカッションですね（図 10）。この辺も未読、既読した発言とかディスカッション、こういったものはモバイルで見たものは

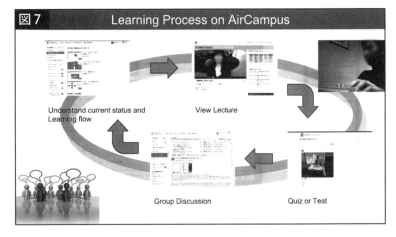

図8 List of Lectures at AirCampus Portal

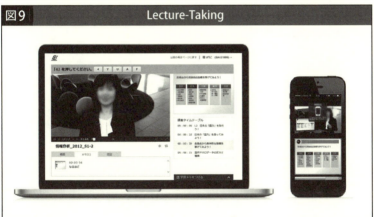

図9 Lecture-Taking

PCに戻るともう一回見なくてはいけない、というわけではなくて、未読、既読情報がPC、モバイルの双方に反映されている、というものです。

これが通知ですね（図11）。何かあったらスマートフォンには通知がきます。新しい講座が開講しましたとか、あなたの発言に返信がありました、という通知が来るようになったおかげで、学生のレスポンスが良くなりました。

こういうことやってきていると、モバイルで受講するという人が非常

●グローバルに通用する

に増えてきまして、最初 2010 年は 0 パーセントだったんですが、今では 66 パーセントの人がモバイルで講義を受講しています（図 12）。これはびっくりしました。ここまで増えてくるとは思わなかったんですけれども、事実としてこう増えてます。

ドロップアウトについてですね。せっかく始めてもドロップアウトしてしまったら、何もならないです。お金も、時間も相当コミットして学習されているので、それが途中で止まっちゃう、というのは非常に良く

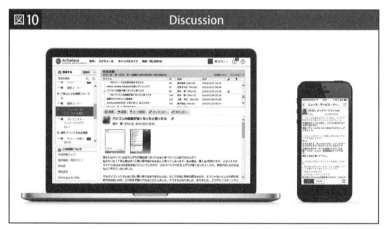

図10　Discussion

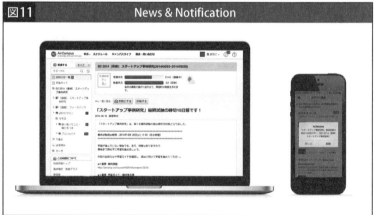

図11　News & Notification

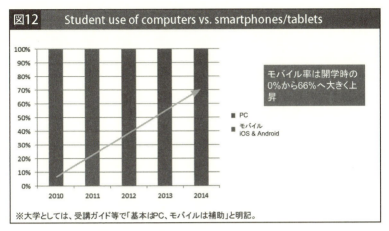

図12 Student use of computers vs. smartphones/tablets

モバイル率は開学時の0%から66%へ大きく上昇

■ PC
■ モバイル iOS & Android

※大学としては、受講ガイド等で「基本はPC、モバイルは補助」と明記。

ないんですが、ここに Dropout Triggering Event（DTE）、こういうものがありまして（図13）、これは講義によって、どこでドロップアウトしやすいのかというのを常に教務の人たちが注目して、ここだろう、というところに関しては、先手を打って、いろいろなイベントを仕掛けたりとか、メールを送ったりとかしています。そういうものを学習支援としてやっているんですけど、常に同じ力で、イーブンで、学生支援をし続けるのは、これは結構大変なんですけど、こう DTE をいろいろ見つけてやると、効率良く、学習支援が出来るようになります。

これは、TC-bit とわれわれ言ってますけども（図14）、緑の部分が見た部分ですね。で、見てない部分がグレーになっていて、学生も分かるようになってます。で、緑がちょっと濃い部分でギザギザしてる部分ですね。これは再生の尺に対してどこを何回見たかっていうのが、例えば繰り返し見て見直したとかいった場合はそこの部分が1個、ピコッと増えるんですね。こういうデータを取ってるんですけども、この辺はいろいろコンテンツの改善とかにも関わるところです。こういうのを繰り返したことで、ドロップアウトが、一時最悪のときは20パーセント近かったんですが、今、半減してきています（図15）。

最後に Air Campus® とは、という所なんですけれども、決してテク

●グローバルに通用する

ノロジードリブンではなかったと私は思ってます(図16)。役立ちそうなテクノロジーとは何か、とか、実務家教員の先生たちにどういう環境を提供していったらいいのか、社会人の学生の人たちにどういう教育を提供していったらいいのか。そういった問いから作られてきているシステムであります。ぶれてはいけないところとしては、グローバルリーダーを輩出する。これが Air Campus® の使命、というふうに思っています。

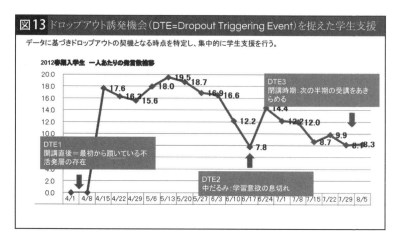

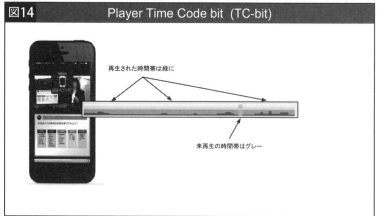

異能を開花する

宇田　どうもありがとうございました。今、Air Campus® というものの仕組みの話を致しましたけれど、あくまでもこれも今最後にありましたように、テクノロジーがどうこうという話ではなくて、いかにもともとの大学設立の目的を実現するために、これまで変遷を続けてきたということです。そこら辺りが大事なところじゃないかと思います。

BBT大学の話に戻りまして、大学が今回このような賞を頂いたということで、第1段階にはきたか、とは思いますけど、その鍵としては、

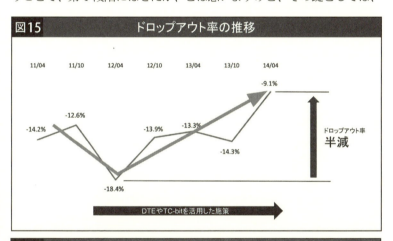

図15　ドロップアウト率の推移

図16　AirCampusとは

BBTのミッションであるグローバルアントレプレナーを輩出するためには、大前研一に代表されるような経営の最前線に関わっている人々の関与が必要であった。

実務家教員が教えられる環境とは？社会人が仕事をしながら学べる環境とは？

役に立ちそうなテクノロジーとはなにか？

私達のミッションを達成するには既にあるシステムでは実現できなさそうであった。

グローバルアントレプレナーを輩出することがAirCampusの使命

●グローバルに通用する

この Air Campus® を学生がどうしてそれをここまで活発に使うようになったのか、再考してみる必要がありあます。

もちろんドロップアウトをしない仕組みとかいろいろなことでサポートはしますけども、そもそも Air Campus® というのは、学生にとってバリューのあるものなのである、ということが直接学生に伝わらない限りは、使ってもらえないわけです（図17）。

大前学長は、最初に設立された大学院のスタートのときの、まず当初の5年ぐらい自ら1日3時間とか4時間とか、時間を使って、それぞれの学生の質問に答えるとか、サイバー上での議論を徹底的に行ったそうです。これを通じて学生に Air Campus® が自ら学ぶうえで大事であることを直接理解してもらった。あるいはそれを使うことによって、学生が自分自身で何ができるようになるのか、あるいはどういう知恵が身につくのかということを、身をもって体験してもらったとのことでした。そして、卒業生の第1集団がその Air Campus® の価値を分かると、それがまた第2集団、第3集団につながっていった。大学の場合は、大学院ですでにその Air Campus® のバリューというものがある程度確立していましたので、同じプラットフォームを使うことによって、その

図17　BBT大学の成功のカギ

① 大学院において、多忙な学長自ら当初の5年程度は自分で個々の学生指導に相当な時間をかけてACを介して直接対話。ACのバリューを自ら直接指導することで伝達（価値観の伝授にACはきわめて有効）

② 技術的な要諦はACのヘビーユーザーである学長を中心として要件を次々に明らかにしながら、システム開発部門がそれに逐一答えていった。（技術主導ではなくあくまでもユーザー主導）

③ AC上で学生がお互い同士で議論し合う土壌が醸成されていった。これを生み出したのは①②に加えて集団IQ醸成をサポートするプロフェッショナルチーム

価値そのものは学生ももちろん分かっており、このオンライン大学の運営を当初からしっかりと進めることができました。この Air Campus® 立ち上げ最初の時期に、学生が納得するまで価値のあるものを提供し続けたということが、大事だったのではないかと思います。

繰り返しになりますが、これは動画ではないので書きましたけど（図18）、学長自ら学生たちのいろんな質問に関して、直接指導をするとい

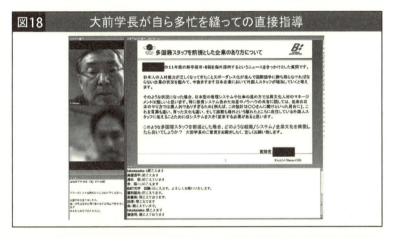

うことをずっと繰り返してきたこと、今もいくつかの講義では、学長も直接講義をしています。それから外でいろいろ実際に実務を行いながら活躍されている起業家の先生とか、企業経営に携わっている先生たちがこの Air Campus® を通じて多くの学生を直接指導し、その成功をサポートしていること、まさにそのコミットメントが大事ではないかと思います。

BBT 大学全体としてはまだいろいろな挑戦があります。大学の学部長

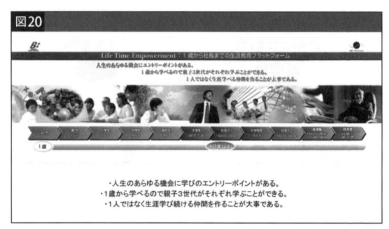

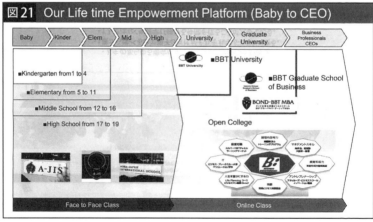

としてこれからの挑戦ということで考えてみると、実は専業学生というものも増えまして、彼ら自身がうまく時間を活用して大学で学びながら世界中に行っているというような話を、いたしました。学生にこのような実体験の機会を提供することも大学としては必要になりつつあるだとも考えています。

具体的にはスタディツアーなど海外に行って実地で勉強する機会を提供していくこと。それから、このような素晴らしいシステムを日本人以外の学生にも展開しようということで、今、そういうことも考えています。それから起業家支援ということでは大学を卒業した人たちにまで、資金も含めてサポートしていくということも考えています。(図 19)。

BBTとしましては、アオバインターナショナルスクールという学校を買収致しました。このことによって、1.5 歳から 60 歳過ぎまでの間、ライフタイムでの教育機会を提供していきたいと考えています。人生の中のどこかで接点を持った人たちが、ネットワークでつながって、またそれがよりお互い同士を切磋琢磨していくと、こんなことになったらいいのではないかなと思います。BBT 全体で、ここではアオバインターナショナル、あるいはビジネス・ブレークスルー大学、大学院、そしてBBTに属している研修機能や、BOND-BBT 大学院とか、これらが、

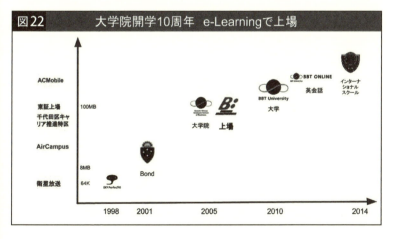

●グローバルに通用する

それぞれベビーからリタイアした人までの間をサポートするような、一貫した関わり合い方をしていければいいのではないか、と思います（図20、21）。

これまで、過去、1998年から上場を経て、それからオンラインの英会話、インターナショナル・スクールの買収と、最近はそこまで来ておりますけども、この先どこに行くのか、まだまだ挑戦は続くと思います（図22）。

あらためて本日はこのような名誉ある賞を頂きましたことに、感謝申し上げます。

（e-Learning Awards 2014 フォーラム 企画講演、2014年11月14日より）

3. コラム：ビジネス・ブレークスルー（BBT）における教育

●ビジネス・ブレークスルー（BBT）大学・大学院

BBT大学・大学院は、学部は経営学部、大学院は経営学研究科が設置され、経営について学ぶ大学である。卒業時に、学部は"経営学士"、大学院は"経営管理修士"（MBA）の学位を取得できる。本学はオンライン大学であり、通学の必要はなく、インターネット環境があればそこがキャンパスになる。つまり、国内だけではなく、海外からも学べるのである。ランドマークとなるような物理的な校舎はないが、その代わり、サイバー上に"Air Campus®"という無限に広いキャンパスがある。このキャンパスのサイバークラスルームにて学生同士が議論を戦わせなが

ら学んでいく。オンライン大学だからといって、一人寂しく講義映像を見ているのではなく、クラスメイトや教員と議論しながら学んでいく。また、本学の特徴は、"教えない大学"であるということです。自ら行動して学んでいかなくてはいけません。自ら考え、行動し、時には失敗から学んでいくことが必要です。経営には正解がありません。また、経営環境は常に変わるものです。それ故、ファクトベースで常に自分で考え、決断していく習慣を付けていかねばなりません。

さて、本書のテーマである"異能"を開花する教育はどこにあるのか？

本学の学部や大学院のこの科目を受講すれば、異能が開花するというものではありません。これには、カリキュラム、学生、教育システムなど複数の要素が合わさってきます。カリキュラムについては、次のものが基礎になっています。物事を事実に基づき、論理的に考えるスキルを身に付ける科目（学部：問題解決基礎；院：問題発見思考）が考え方の基礎となっている。発想を柔軟にするために自分が社長だったらどうするかを制約条件を取っ払ってゼロベースから考え、決断を下す訓練をする科目（学部：グローバル経済と経営のRTOCS；院：経営戦略論、新・資本論、現代の経営戦略のRTOCS）にて数多くのケースに挑戦し、思考の幅を広げていく。また、問題を発見し、分析・定義付けし、解決案を出すという流れに、マネジメント視点を加えた発想法を学ぶ科目（院：イノベーション）にて、数多くの発想の引き出しの作り方を身に付けます。その他、実際の経営の経験に基づいた経営の実務に関する学びや自ら現場に足を運び事実を確認したり、一次情報を得るためにインタビューをするなどの演習やレポートを課す科目を通じて物事を思い込みではなく客観的に、そして多角的に見ることができる力を身に着けていきます。

次に一緒に学ぶクラスメイトですが、オンライン大学ということもあり、年齢、性別、業種、職種、そして、居住地などもバラバラであり、非常に多様性の高い集団となっています。それ故に、今まで自分が正しいと思っていたことが、別の立場から見ると全く異なった考え方がある

●グローバルに通用する

のだということに気付く。このような気付きが多いほど発想も豊かになり、全く新しいイノベーティブなことに挑戦できる切っ掛けになっていくものである。

そして、教育システムとしての"Air Campus®"がカリキュラムの受講や多様性のあるクラスメイトとの議論の場のプラットフォームとなり、オンラインで全世界にいる学生や同窓生と常に繋がっており、多様性のある議論を交わすことができる。

このようにカリキュラムと多様性のある学生や同窓生の集団と学びと議論を交わす場のプラットフォームとしてのAir Campus®との三位一体の環境が重要である。それぞれ1つずつも非常に大事なことではあるが、それだけでは物足りない。普段と違うこの新しい環境に身を置くことによって化学反応が起き、そして、この環境から生み出される集団心理状況の中からこそ、突然、異能を開花させた突出した人材が輩出されると思います。

インターネット関連技術が進歩し、世界中の人々が繋がってきているのは人類史上初めてのことである。本学はこの技術を屈指し、教育に活かしてきた。これがインターネットが普及してきた時代の新しい教育方法であり、ここから、異能な人材を数多く輩出すべく努力していく所存です。

(ビジネス・ブレークスルー大学 副学長　伊藤 泰史)

● Bond-BBT MBA プログラム——日本人ビジネスパーソンが世界と渡り合うための力、「異能」を鍛える場◎

日本における海外オンラインMBAの先駆的存在であるBOND-BBT MBAは、オーストラリアの名門ボンド大学とビジネス・ブレークスルーが提携し、世界で活躍する日本人ビジネスプロフェッショナルの養成を目的としたMBAプログラムです。

加速化するグローバルビジネスの現場では、世界のどこで仕事をして

もオーナーシップを持って自ら考え抜き、課題を設定し、だれと組んでも相手の強みを引き出して、インパクトある結果を出せる自律したプロフェッショナル人材が求められています。これらのスキルは従来の日本の学校教育では習得できませんでしたが、日本人ビジネスパーソンが世界で活躍するために、いま本当に身に付けなければならない「異能」といえます。

そして、「異能」を育成するためのトレーニングの場が本プログラムです。オンラインというフレキシブルかつ現在のワークスタイルに最も親和性の高い形態で、日本人ビジネスパーソンが働きながら世界標準(グローバルスタンダード)のマネジメントスキルを学ぶことができます。

さらに、様々な異なるバックグラウンドを持つ学生がオープンマインドでお互いの経験や知見から理解を深め、学び合うことを通じて、多様性の受容、信頼関係の構築やコミュニケーション力といったグローバルビジネスの現場で結果を出すために必要不可欠なピープルスキルを鍛えると同時に、生涯にわたるネットワーク形成の場でもあります。

Bond-BBT MBAは、成長意欲の高い日本人のビジネスパーソンが世界と渡り合う力、まさに「異能」を鍛えるための学びの場をご提供しています。

世界標準のカリキュラムを英語で学ぶ

本プログラムは、ビジネススクールの国際認証機関 AACSB (The Association to Advance Collegiate Schools of Business) International の認証を取得しており、マネジメント教育・研究・指導のクオリティと実践において、世界基準のプログラムです。

また、本プログラムではグローバルビジネスの共通言語であるMBAは英語で学ぶことにバリューがあると考えています。カリキュラムの60％は英語科目で構成されており、実際のビジネスで結果を出すために必要な英語力を養成します。

働く場所に関係なく、ターゲットもマーケットもグローバル化する世

●グローバルに通用する

界では英語を道具として使いこなすことが大きなアドバンテージとなることは間違いありません。それはビジネスパーソンの仕事力、実行力と直結するものです。

今日のインターネットでつながっている世界では、市場調査であれ、製品開発であれ、英語を駆使することができれば、日本語のみの場合よりも格段に豊富なリソースにアクセスをして多角的な視点からビジネス上の課題と機会を捉えることができます。

つまり、国際標準のマネジメントスキルを英語で使えれば、世界のどこで働いても、グローバルな視点からローカルに必要な最適解を導き出すことが可能になるといえます。

現場で結果を出せる問題解決力を鍛える

日々の仕事に加えて、カリキュラムの中でも実践を想定したプロジェクト課題にチームで取り組むことにより、徹底的にリアルに問題を解決する力を鍛えます。

例え現在の自分の担当とは異なる分野であっても、当事者として参加し、学んだ理論やフレームワークを実際に使って課題を解決する面白さ、難しさを疑似体験することができます。

そして、そうしたトレーニングを科目ごとに繰り返し取り組むことにより、様々な分野・局面での応用力を着実に高められるようにカリキュラムがデザインされています。

さらに、離れた場所にいるチームメンバーとバーチャル空間で連携しながら一つのタスクに取り組むことは、グローバルな環境で働くこれからのワークスタイルと高い親和性があるといえます。

そのような状況でチームメンバーをまとめ、それぞれの強みを引き出し、様々な制約条件下でプロジェクトを遂行するリーダーシップとマネジメントスキルを磨くことによって、財務や会計といった専門知識を超えた現場で結果を出すための総合力を鍛え上げます。

世界に広がるプロフェッショナル・ネットワーク

本プログラムでは、30-40代を中心とした様々な企業・職種の第一線で活躍する日本人ビジネスパーソンが世界中から学んでいます。

2001年の開講以来、これまで820名以上の修了生を輩出しており、在学生380名と合わせて1,200名を超えるMBAのプロフェッショナル・ネットワークを形成しています。多方面で活躍する多くの修了生・在学生によってBond-BBT MBAのプレゼンスは益々高まっています。

（Bond-BBT MBAプログラム　大内 勇輝）

●問題解決力トレーニングプログラム◎

大前研一総監修「問題解決力トレーニングプログラム」は、開講以来1万人以上の受講生を迎えており、BBTの基幹講座として、大変な人気を博しています。

本講座で提供しているトレーニングは、大前研一がかつてマッキンゼー・アンド・カンパニーで500名以上のコンサルタントを育成してきた手法をベースにした実学です。

グローバルリーダーに必要な、成果を出すための問題解決力とは？

ビジネスの現場で成果を出そうとしたとき、どのようなアプローチをとるべきなのか？そのとき問題解決の考え方が必要になります。

問題解決と言えば、かつては一部の経営コンサルタントなどが扱う特別な考え方でしたが、変化が激しいグローバル社会においては、一人ひとりのビジネスパーソンが身につけるべき普遍的な思考法として注目されています。

では、問題解決とはどのようなアプローチなのでしょうか？それは大きく3つのステップ、すなわち本質的問題発見、解決策立案、解決策実行から成り立っています。

このステップを一つずつ、事実情報と論理的思考をベースに進めてい

くことが求められるのです。

じっくり学習することが問題解決力体得への近道

それでは、問題解決力はどのようにして体得できるのでしょうか？もちろん一朝一夕で身につけられるものでは決してありません。学びを通じたインプット→アウトプット→フィードバックを何度も繰り返すことにより、徐々に現場で再現できるレベルまで実践力を高められるのです。

当プログラムでは、この仕組みをオンライン学習プラットフォーム「Air Campus®」で提供しています。1年間というまとまった時間の中で、体系的なカリキュラムを通して着実に学習することが可能です。

まずはレクチャーを通して問題解決の基本的な考え方をインプットし、次に演習問題やレポートなど豊富なアウトプット作成の機会に取り組んでいただきます。もちろんこれらにはフィードバックがついています。自らの頭をしぼって出していただいた成果物に対して、問題解決のプロフェッショナルであるLA（ラーニングアドバイザー）が、的確な添削指導を行います。そして、その添削内容に基づき、更に学習内容の理解を深めることができるのです。このような学びのサイクルによって初めて、グローバルリーダーにとって必要な問題解決力を、徐々に体得することが可能となります。

なお、教えるのは元マッキンゼー・アンド・カンパニー人材育成責任者の斎藤顕一講師。BBT大学大学院（MBA）でも教鞭をとる斎藤講師のレクチャーは、多くの受講生から高い評判を得ています。

異能開花の土台となる、本物志向のためのプログラム

開講以来、多くの問題解決者を世の中に輩出してきた当プログラムでは、2015年4月に第100期生を迎えます。

修了生からは、上司や部下から頼られることが多くなった、プロジェクトを成功させることができた、昇格することができた、など「ビジネスの成果につながった」という感想を多数いただいています。

ビジネス書を読み漁ることや、短期間の研修を受けることだけでは、現場で使える問題解決力を身につけることはできません。成果を出すために自己研鑽したい、将来的に異能の芽を開花させたいと願う、本物志向のビジネスパーソンのために、BBT はいつでも皆さんを迎える準備を整えています。

（問題解決力トレーニングプログラム　窪田 悠）

●リーダーシップ・アクションプログラム──大前研一監修による、時代に求められる真のリーダー育成プログラム◎

　日本に限らずグローバルでみても、リーダーの欠如を課題に挙げる組織は少なくありません。

　しかし、グローバルに活躍できるリーダーの資質とはどのようなものかを考えたことがありますか？

　リーダー育成について経営者や人材育成の担当者と議論すると、実に多くの方が《リーダースキル》と《リーダーシップ》をごちゃ混ぜに捉えているのが現実です。

　リーダーシップ・アクションプログラム（以下LAP）ではリーダーに必要な資質を《リーダースキル》と《リーダーシップ》とに分けて考えることをご提案しています。

　現状のリーダー育成は分析スキルや事業戦略立案、アカウンティングやマーケティングなど、《リーダースキル》のインプットに多くの時間が割かれているのが実情です。

　しかしながら《リーダースキル》の習得だけでボーダレスに活躍する異能人材を育成することは可能でしょうか？ LAP では《リーダースキル》と《リーダーシップ》の両方の習得、言語化が必須であると考え、それを１年という時間を掛けて学習するカリキュラムを設計しました。

●グローバルに通用する

①リーダースキルを学ぶ

LAPでは大前研一が定義するリーダーに必要なスキルとして、【方向性付けをする（ビジョン構想力）】、【組織をつくる（組織構築力）】、【成し遂げる（人を動かす力）】の3つを挙げており、これらのスキルを映像講義や集合研修、グループワーク、最新のケース・スタディ等を通し、アウトプットを意識したインプットを繰り返すことにより知識の定着を図っています。

②リーダーシップを学ぶ

《リーダーシップ》とは語源の通り、『リーダーとしての態度、状態』という意味であり、いわばその人の哲学や人生そのものであったりする訳です。

従って、リーダーシップを短期で習得することなど不可能であると言わざるを得ません。LAPでは個別コーチングやEQ検査、360°サーベイ、古今東西のリーダーシップ本の輪読など一人でも振り返りが難しい、ご自身ルーツや価値観、軸といったものを意識の高い受講生や講師からのフィードバックを受けることで言語化していきます。

③他流試合から学ぶ

受講生には将来管理職を任される30代前半から上場企業の経営者に至るまで幅広い年齢層の方々や、医師や税理士、会計士といった『士業』の方の参加は勿論、海外からの参加者まで刺激に富んだ意識の高い受講生と共に学びます。

- スキルや成果、人柄に至るまで全ての面でメンバーや周囲をリードするのがリーダーだと思っている。
- 目標を達成するためには、自ら手を動かすことが最も効果的だと考えている。
- モチベーションが低い部下に対して、本人の資質の問題と理解している。

・組織長たるもの、○○でなければならない。

このような考えをお持ちの方は間違ったリーダーシップを発揮している可能性があります。

坂本竜馬、マーティン・ルーサーキング、スティーブ・ジョブズ、彼らのような世に異彩を放つリーダーには共通して譲れない『軸・価値観・哲学』があり、それを実現するために学び、人を動かし、あらゆる手段を講じ結果を出す粘り強さ（内発的動機）を持ち合わせたはずです。

世に存在する多くの重要なフレームワークや知識を効果的にインプットすることと共に、

「あなたが大切にしているものは？」「あなたが組織長である正当性は？」「何のために仕事をしているのか？」といったあなたなりの《リーダーシップ》について考える1年がLAPにあります。

皆さんもグローバルに活躍できる『リーダーシップ』について考えてみてはいかがでしょうか？

（リーダーシップ・アクションプログラム　白崎 雄吾）

●資産形成力養成講座

資産形成力養成講座が開講したのが2006年。世界と比較して現預金の割合が多い日本において、グローバルな視点での資産形成を行い、人生を謳歌する手段を獲得してほしいとの思いでスタートしました。その後、受講生はのべ5,000名を超えるまでに至りました。

なぜ資産形成力が必要なのか？

グローバルリーダーの多くは、自身の持つ資産価値を的確に把握しています。そしてグローバルな経済環境に明るく、適切なリスクを取りつつ、資産が目減りしないように資産運用を行っています。日本では長いデフレが続きましたが、資産形成の世界で最も恐れられているものはインフレです。それは、資産価値以上にモノの価格が上がってしまい、資

●グローバルに通用する

産価値が目減りしてしまうからです。

　自らビジネスにおいて富を築き、資産形成（運用）においてその富を守り、さらにはその富によってノブレス・オブリージュ、社会に還元することがグローバルリーダーには求められています。つまり、ビジネス力だけではない資産形成力、フィナンシャルリテラシーが世界で認められる上では重要なのです。

どのように資産形成力を獲得するのか？

　日本は資産運用において新興国と言われています。それは、預金奨励の国家体制により、預金が染色体にまで染みついていること、長年のデフレ、不労所得を悪者扱いする風潮などが原因であると言われています。

　お金は預金していればいい。保険は全員が入るもの。不労所得ではなく労働所得こそ美しい。こういった価値観に対して、「本当にそうなんだろうか？」と常識を疑うことこそグローバルに通用する人には必要な素養です。自ら考え、行動するための考え方を提供していくことこそ、講座運営において大切なことだと私たちは考えています。

　講座では、フィナンシャルリテラシーの基礎、世界経済の把握、金融商品の知識、運用の実践スキルであるアセットアロケーションまで幅広く学びます。座学だけではない実践に即した学びとともに、グローバルで通用する資産形成力を身につけていきます。

資産運用の概念を一から学ぶ

　資産形成について新興国である日本ですが、実は世界で通用する概念は日本にも根付いています。中学生、高校生向けにリリースした「12歳からのお金の学校」では、「二宮金次郎」の話も登場します。二宮金次郎は藩やそこに住む人々の家計などの財政再建を行ったことで有名です。その教えは非常にシンプルなもので、「分度」という考え方で表されますが、経済面での実力（収入）を知り、それに応じて生活の限度（支出）を定めること。当たり前に聞こえるかもしれませんが、それが財政

再建の第一歩だったのです。そして余ったお金を借金返済や、蓄財に回しました。

　欧米では学校教育にお金についての学習が導入されているところも多いのですが、残念ながら日本ではほとんどありません。生活に密着している問題であるにも関わらず、考え方を学ばないで大人になっているのです。資産運用の知識とは、単にどう運用するかという話だけではなく、基礎からしっかりと学ばないといけないのです。

　グローバルリーダーとして築いた資産を保全し、社会に還元する。その根幹にあるのは資産形成力です。ビジネスへの情熱を資産、社会に対しても振り向け、新しい世界への道を切り開いて行く。それこそが異能として世界に認められる、グローバルリーダーに不可欠な素養ではないでしょうか。

（資産形成力養成講座　加藤 寛）

● グローバルに通用する

あとがき

本書がお伝えしたかった事は、次のような点である。

- 過去30年間において日本を含む先進主要国で起きた変化に鑑みると、次の30年間で日本の社会、ビジネスは劇的に変わるであろう
- 変化が益々加速する時代において、これからの教育が担う役割は決定的に重要性を増す
- 30年後の社会では、「日本のどの大学に進学したか」が重要なのではなく、「世界のどこで、何を習得したか」が問われる時代になる
- かかる時代に備える為に、日本以外の大学進学を選択肢として視野に入れた瞬間に、高校までの教育課程において、「英語を含むコミュニケーション能力・日本人としてのアイデンティティの確立・世界の文化や歴史等への理解と多様性に対する共感・論理的に思考し問題解決する能力」などをカリキュラムへ反映する事の重要性が、疑う余地のない必然として浮かび上がってくる
- こうした素養の習得を真剣に考えた場合には、大学への進学準備は、これまでのような高校3年間の教育では間に合わず、幼稚園からの18年間でどういった教育機会を提供するのかという視点から設計せざるを得ない。今後は、知識の「量」の競争ではなく、「知をいかに活用できる人間となるか」が問われるからである
- 想像される社会構造の変化、企業や社会が求める人材像の変化から垣間見えるのは、日本における1－18歳の教育課程への世界標準（グローバル・スタンダード）の導入、そして、国内・国外の大学進学を現実的な選択肢としうる教育体系の確立である
- 現在政府が推進する国内の主要大学のグローバル化を促す「スーパー・グローバル大学構想」や、高等学校課程において5年以内に

国際バカロレア（IB）・ディプロマ（DP）の導入校を200校へ拡大する政策は、かかる観点からも正しい方向性である。是非実現してほしい。更にいえば、国内5,000弱の高等学校へも何らかの形で普及すべきである。IBが一部の富裕層にのみ門戸が開かれた「エリート教育」であってはならない
- 「異能」とは、特定の領域において、社会や集団の平均値から、圧倒的に突出した能力を有する人材であり、また、そうした能力を正しい方向へポジティブに活用し、より良い社会の実現の為に、新たな価値を創造できる人である
- 21世紀を担う子供達に対して、現代社会の「負の遺産」を受け継ぐのではなく、彼らが豊かな人生を歩む事ができるよう、我々には世界標準の教育を提供する義務がある

今後、社会はどのように変化するのか？

本書が発刊される2015年に生まれてくる子供達が、大学を卒業して社会に出るであろう22年後の2037年、日本やアジア、そして世界は一体どうなっているだろうか？大胆に考えてみたい。

- **国内のグローバル化**：まず国内の人口構成に目を向けると、国際化（多国籍化）が更に進展するであろう。これは、少子化等による人口減少により、労働人口に占める外国人比率が増えるからである。企業がビジネスの対象とする顧客、行政サービスの提供先である住民の構成、あるいは教育現場における公立・私立学校の生徒構成等、社会が多国籍化する以上、あらゆる側面で国内におけるグローバル化への対応が必要とされる。当然、英語等の多言語でのサービス提供を進める必要性も高まる
- **アジアにおける日本の相対的地位の不安定化**：アジアでは、経済・政治等における中国の台頭が益々進むであろう。また、インド、インドネシア、マレーシア、シンガポール、ベトナム等のアジア諸国

の経済発展により、日本の相対的な地位は不安定になるであろう。外交、貿易、安全保障、ビジネス等のあらゆる観点において、日本が相手に対して日本の流儀を要求できる局面は減少し、国としても企業としても、そして個人としても、各国の背景や価値観を理解しつつ、論理的・理性的に相手が理解できる方法で自らを主張し、英語等の多言語を使って意思疎通し、合意形成する事が求められるようになる

・**ビジネスと日本企業のグローバル化**：ビジネスにおいては、グローバル競争がさらに拡大する。呼応して、日本企業が求める人材像や組織・チームも変容するであろう。過去３０年間のように、「一部の海外要員を除いた大多数の社員は、国内で日本語で仕事をする」という前提は影を潜め、国内外のどこにおいても、複数の言語を駆使し、多国籍のチームで業務を推進する、あるいはそうしたチームをマネジメントする事を要求される働き方へと変わっていくであろう。インターネット企業は言うに及ばず、既に多くの日本の製造業が相対的に安価な労働力や成長性の高い海外市場を求めて、工場や販売拠点をアジア諸国へ積極的に展開しているが、こうしたモーメントが、日本企業の経営構造や組織の多国籍化やグローバル化に拍車をかける

・**ICTの進化**：ICT（情報通信技術）の更なる進化によって、世界のあらゆる国、人、企業、工業製品、情報処理端末等がインターネットへ接続されるようになる。そして、自分が全く知らない知識であっても、Google等の検索サービスを活用する事により、関連する情報や知識をその場で得る事が、今迄以上に容易になる。同時に、インターネット上に存在する圧倒的な情報を有効に取捨選択し、自らが直面する状況を俯瞰して本質的な問題・課題を特定し、論理的に解決策を導き出す為の論理的思考力や問題発見・解決力の重要性が、より一層高まるであろう。私達が、小さい頃から鉛筆やノートを当たり前の道具として使いこなしてきたのと同様に、今後、スマー

トフォンやタブレット等のIT端末は、教育における「普通の道具」として、子供から大人までの万人が使いこなす（あるいは、使いこなせなければ大きな不利益を誘発しかねない）時代となろう

　こうした変化やパラダイムシフトが、いつ、どこで、どの程度おきるのかについては、勿論、予測困難である。しかし確実に言える事は、次の22年間は、過去22年間に起きた以上の変化が起きるであろうという点である。今後、日本およびアジア社会、あるいは企業のグローバル化は加速し、これまでの常識だけでは通用しない社会が到来し、予測のできない、答えの無い時代が更に進むであろう。

社会の変化に対応する為に、何を習得すべきなのか？

　では、グローバル化が進む社会において子供達が豊かな人生を掴み取る為に、彼らは、次の22年間で何を習得すべきなのか？　22年後の社会で活躍する為に、何を身につけるべきなのか？

　その解を得るヒントとして、現在、グローバルに活躍する人が備える人材像を考えてみたい。

- **コミュニケーション力**：多様なバックグランド、国籍の人とコミュニケーションする能力
- **多様性への共感力**：過去に想定されなかった社会構造、経済構造の変化に対応できる適応力と多様性への理解
- **メンタル・タフネス**：世界のどこに行っても自分を維持し、主張できるメンタル・タフネス
- **決断し行動する力**：自らの目標を設定し、その達成に向けて能動的に判断し、行動する力
- **公平で信用される人間力**：どのような状況下でも公平（フェアネス）を守り、他人から信頼される人間性と倫理観
- **一生涯探求できる力**：自らのゴールの達成に向けて絶えず努力し、

● グローバルに通用する

　一生涯学び続ける事ができる力
- **挑戦できる力**：これまでの実績にしがみつくのではなく、失敗を恐れず新しいことに挑戦できる力
- **振り返って教訓を得る力**：自らの挑戦や失敗から学ぶ事のできる力

　ここに上げた素養（プロファイル）は、学校の教科書や授業から十分に習得できるであろうか？大半の人が「No」と答えるであろう。なぜか？一つの理由は、これらの素養は、どれ一つを取っても、「知識」だけではどうにもならず、「知識・スキル・それを活かすマインド・実践力」が必要だからである。知識量の勝負ではなく、知を活用する能力の勝負とも言えよう。

教育の重要性とミッション

　こうした事を少し考えただけでも、22年後の社会、そして、変化が益々加速する今後の時代において、子供達の将来においても、日本という国の未来においても、今後、「教育」の担う役割は決定的に重要性を増すことは明白である。今の子供達が社会に出るまでの22年間における教育の持つ意味合い、担うべき役割は益々大きくなり、その後の人生の方向性を大きく左右することになる。また、知的サービス、付加価値創造型サービスを主力とする日本経済においても、人材の優劣は、企業の経営力あるいは国力の優劣に直結するであろう。

　仮に日本における教育が、こうした素養を習得するに十分と言えないのであれば、これからは、「日本のどの大学に進学したのか」が重要なのではなく、「将来何を目指す為に、世界のどこで、何を習得したか」が問われる時代になる。「どこで、何を学んだのか？」、「そこで、どのような友人に巡り合ったのか？」、「そこから、どのような人生の目標を見出したのか？」、あるいは「自らの目標を達成する為に、どのような職業を進路として選択したいのか？」等の設問に対して、明確な意思を発する事ができ、行動する事ができる人材が求められるようになるので

はないか？

日本における世界標準の教育の導入

次の22年間において、日本の教育は「世界標準（Global Standard）」を導入せざるを得なくなる。

なぜなら、社会がグローバル化し、それに対応して企業がグローバル化を推進し、かつそうした人材を求めるようになり、それに呼応して世界のトップを走る大学・高等教育機関がかかる人材を育成する為の教育を明確に意図し追及するであろうからである。企業が、政府が、そして学習者が、そうした教育を求めるようになる。国内の教育機関においても、こうしたトレンドを無視し、従前の教育を粛々と継続するだけでは、既に「全入時代」に突入し、今後も少子化が進む国内における大学・学校間競争を勝ち抜く事は容易ではない。

かかる時代に備える為に、日本以外の大学進学を選択肢として視野に入れた瞬間に、高校までの教育課程において、「英語を含むコミュニケーション能力・日本人としてのアイデンティティの確立・世界の文化や歴史等への理解と多様性に対する共感・論理的に思考し問題解決する能力」などをカリキュラムへ反映する事の重要性が、疑う余地のない必然として浮かび上がってくる

こうした素養の習得を真剣に考えた場合には、大学への進学準備は、これまでのような高校3年間の教育だけでは間に合わず、幼稚園からの18年間においてどういった教育機会を提供するのかという視点から設計せざるを得ない。今後は、知識の「量」の競争ではなく、「知をいかに活用できる人間となるか」が問われるからである

想像される社会構造の変化、企業や社会が求める人材像の変化から垣間見えるのは、日本における1－18歳の教育課程へのグローバル・スタンダードの導入、そして、人生の目的に応じて国内・国外の大学進学を現実的な選択肢としうる教育体系の確立である。

つまり、社会がグローバル化し、それに呼応して企業がグローバル化

に対応しようとし、一部の大学教育がそれに対応する形でグローバル化を追求するという流れが既に始まっている以上、そうした大学への進学を目指して、幼・小・中・高等学校における教育課程もグローバル化への対応が益々重要となろう。

教育における世界標準とは何か？

では、教育におけるグローバル・スタンダードとは何であろうか？

この問いに対しても、一つの解は無い。しかし、ここまでの議論からも言える通り、今後の日本やアジアにおける社会やビジネスの変化がもたらす意味合いを考えると、次の様な能力を習得する教育が重要になるであろう。

- 答えの無い時代に、自ら問題を導き出し、解を見出す事のできる能力
- 問題を解決する為に、自ら意思決定し、行動する事のできる能力
    - Inputではなく、Output
    - 知識量ではなく、知識を活用する能力
    - 試験のスコアアップではなく、一生涯通用する学び方の習得
    - 失敗しない受験対策ではなく、社会に出てから失敗を恐れず挑戦し、そこから学ぶ能力

国際バカロレア（IB）

欧米を含む世界の主要な高等教育機関や政府が、世界標準の1つとして認識する教育体系として「国際バカロレア（IB）」がある。IB教育の考え方やカリキュラムについては、本書第3章を参照されたい。

IBが世界標準の一つとして認識されている理由として、しばしば次のような点があげられる。

- スイスに本拠を置くNPO法人として、世界の特定国の教育体系や

学習指導要領に立脚しない中立的なカリキュラムを提供している事
・もともと、外交官や国際企業に勤務する保護者の子息を対象として、(つまり、数年ごとに各国を移り住む事を前提に)、世界のどの国のIB認定校でも、欧米諸国で一流とされる大学が受験資格として認定できる教育を明確に意図し、政府や官僚あるいは大学研究者ではなく、そうした国際教育の現場を熟知した教員が中心となって、IBカリキュラムが設計・開発された事
・高校卒業時の学位(DP)授与の判定が、各学校が行う主観的評価に基づくのではなく、国際バカロレア協会が実施する世界統一の最終試験によって決定されるという、学習効果に対する普遍的な品質管理の仕組みが確立されている事

しかし、最大の理由は、その教育体系(カリキュラム)と質保証の両輪にあると筆者は考えている。つまり、本章で述べたような「世界に通用する人材」に必要とされるであろうコミュニケーション力、論理的思考力、問題解決力、多様性への共感、公平公正な倫理観等を含めた学習者が習得すべき素養(プロファイル)を明確な教育目的として定義し、かかる素養を習得する為の柔軟かつ普遍性の高い「教育体系(カリキュラム)」を3歳から18歳までの15年において一貫性を持って提供し、その学習効果についてはDP卒業試験で全世界共通に評価するという「教育の質保証」の仕組みを確立している点である。シンプルに言えば、DPの最終試験を合格して獲得したX点は、いつの時代でも、どの国のIB認定校の卒業生においても、同じ価値を持つX点であり、同じ学習効果を意味するのである。

現在政府が推進する国内大学のグローバル化を促す「スーパー・グローバル大学」構想や、高等学校において5年以内に国際バカロレア(IB)・ディプロマ(DP)の導入校を200校へ拡大する政策は、かかる観点からも正しい方向性であると考えている。是非実現してほしい。更にいえば、国内5,000弱の高等学校へも何らかの形で普及すべきである。筆

●グローバルに通用する

者は、IB 教育が一部の富裕層の子息を中心に門戸が開かれた、ある種の「エリート教育」であってはならないと考える。

「異能」とは何か？

本書は「異能」について取り上げた。本書における異能とは、次の行動と結果をもたらす人材のことである。

- 特定の領域において、社会や集団の平均値から、圧倒的に突出した潜在能力を有し、
- 組織や社会のリーダーや一員として、優れたパフォーマンスを示し、ある特定の領域において事前の想定や期待を遥かに超えて、驚きや感動を与えるほどの、傑出した結果や貢献を組織や社会に対して成す能力であり、
- そして、そうした能力を正しい方向へポジティブに活用して、より良い社会の実現の為に、新たな価値を創造できる人

今後の日本の教育においては、過去と同等の均質な人材を大量生産するのではなく、人間が持つ個性を肯定して伸ばす、また、これまで想定されなかった社会や経済の変化を受容し適応できる、そして、多様で新たな価値を社会に対して創造する事を目指して行動できる、そうした才能の育成を志向する必要があろう。

21 世紀を担う子供達に対して、持続しがたい社会保障制度や拡大しつづける財政貿易赤字、権謀術に腐心し結果的に本質的問題を先送りする政治・統治構造が誘発する国力低下等の「負の遺産」を受け継いでいくのではなく、彼らが戦後の日本と同様に他国と比べても負けないくらい高いアンビションを持て、豊かで充実した人生を歩む事ができるよう、我々には世界標準の教育を提供する義務がある。

本書が、教育の未来、方向性を考える一助となれば幸いである。

2015年1月
　　　アオバジャパン・インターナショナルスクール代表　柴田 巖

THE OHMAE REPORT 大前研一通信

大前研一の発信が凝縮した 唯一の月刊情報誌

大前研一通信は、最新のビジネスに直結するテーマはもちろん、政治・経済、家庭・教育の諸問題からレジャーまで、様々な記事を網羅し、各方面の読者の皆様から「目から鱗」と多くの支持をいただいている大前研一の発言や論文をまるごと読むことができる唯一の会員制月刊情報誌です。

「PDF版」、「送付版」、「PDF+送付版」の3つの購読形態があり、ネットで参加出来るフォーラム「電子町内会（エアキャンパス）」のご利用も可能。特にPDF会員の方には、エアキャンパス内での記事速報もご覧いただけます。

激動するビジネス・社会の諸問題に鋭く切り込み、ブレークスルーする処方箋まで具体的に提示する記事など、これからの激変する時代の羅針盤として、まずは「大前研一通信」のご講読をお勧めします！

大前研一流の思考方法をゲット！

サービス内容／購読会員種別		PDF会員	送付会員	PDF+送付会員
大前研一通信 （お届け方法）	PDF版ダウンロード5日発行にて専用URLにUP	○		○
	印刷物10日発行		○	○
エア・キャンパス AirCampus	・大前研一通信記事紹介閲覧（PDFデータ等での）速報	○		○
	・フォーラム参加（ディスカッション参加・閲覧）	○		○
	・ニュース機能（RSSリーダーで情報を入手）	○		○

◎スマートフォン他、携帯端末でも気軽に読める、【大前研一通信デジタル(Lite)版】もリリース！

■ Newsstand、Fujisan.co.jp、雑誌オンライン：（年間、単月購読）
■ Kindle版、Kobo版：（単月購読）

＊デジタル(Lite)版では、著作権等の都合により、送付版、PDF版に掲載される記事が一部掲載されないページがある場合がございます。

◎**大前通信を手にとったことがない貴方へ**

数量限定で無料サンプルをお届する〈数量限定〉のお試しプログラムも実施中！

掲載記事の一部や上記の関連情報を下記でご覧になれます。

大前通信の情報誌	http://www.ohmae-report.com
フェイスブック	https://www.facebook.com/ohmaereport
大前通信書籍	http://keigan.info　【電子書籍も要チェック】

THE OHMAE REPORT 大前研一通信

http://www.ohmae-report.com/

■お申し込み・お問い合わせ先
大前研一通信事務局　〒102-0084
東京都千代田区二番町3番地
麹町スクエア2F

フリーダイヤル
0120-146-086　FAX:03-3265-1381
E-mail：customer@bbt757.com

世界を舞台に活躍する人を育てる。

アオバジャパン・インターナショナルスクールは、1976年創立の歴史ある学校。目黒区青葉台と練馬区光が丘の、落ち着いた、緑豊かな雰囲気の中で、小中高（1.5歳から18歳まで）の生徒が学んでいます。授業は原則すべて英語を用い、数学、理科、社会、音楽、美術、体育、テクノロジー／コンピューターなどの主要な科目を網羅しています。「世界で通用する人間を育てる教育と何か。」を常に考え、グローバル化の進む社会に、そして世界に出て行く子どもたちのため、日々情熱を注いでいます。

アオバジャパン・インターナショナルスクール
http://www.japaninternationalschool.com/
電話：03-6904-3102
説明会/相談会　随時受付中

夢を実現したいと考えているあなたへ！

夢に向かう BBT生の声

- 世界を駆け巡りながら、PCで通学しています
- 自由研究でFacebookアプリを開発中
- 企業に掛け合いビジネスコンテストを開催しました
- 経営する居酒屋のアジア展開を模索中です
- 企画が通り人材開発のPJリーダーへ大抜擢
- 家業を継いだばかり。経営知識を叩き込みます
- 英語力を磨きながら、政府海外事業に参加中
- 在学中に、社労士として起業しました！

大前 研一　ビジネス・ブレークスルー大学学長

見習うべき国も減り、見習うべき企業も減り、見習うべき人も減った。今後50年は、人口も減り、企業数も減り、新興国が追い上げ追い越していく。このままでは、ただでさえ国土の小さい日本は、規模も存在感も小さくなる。私は、そんな時代を生きる日本の若い人達に、偉そうにteach（教える）しようなんて思ってはいない。答えのない時代にあたかも答えがあるかのように教えるteachというのは、20世紀、いや19世紀のやり方だ。21世紀の大学は、能動的にlearn（学習）し突破する答えを見つける、それを熱くサポートする仲間と教師が世界中にいてオンラインで結ばれている。そんな大学を日本に一つくらい創らなければ、若者に未来はないと思う。

文部科学省認可、日本初「経営の学士」を取得できる、通学不要の100%オンライン大学

 ビジネス・ブレークスルー大学　BBT University　Business Breakthrough University

グローバル経営学科　ITソリューション学科

[仕事と両立]　[大卒資格]　[通学不要]

働きながら取得できる 大学卒業資格 と 人生逆転のビジネス突破力 ＜ブレークスルー

- ☑ インターネットとPCがあればいつでも、世界中どこからでも学べる
- ☑ 「英語」「問題解決力」「IT」…ビジネスパーソンの必須項目全部入り
- ☑ iPad／iPhone／Androidを使って、授業の復習がいつでもどこでも何度もできる

BBT大学　Japan e-Learning Awards 2014　厚生労働大臣賞 受賞！

2年次・3年次編入制度により、社会人がより学びやすくなりました。
2015年春期（4月生）入学願書受付中！

学校情報、説明会日程について今すぐ！　[BBT大学 | 検索]

BBT大学 事務局　正式名称：ビジネス・ブレークスルー大学
〒102-0084 東京都千代田区二番町3番地 麹町スクエア2階

☎ 0120-970-021
http://bbt.ac ［平日］09:30〜17:30

延べ1万人以上が受講
問題解決力トレーニングプログラム
現代を生きる日本人だから学んでほしい世界に通用するビジネスパーソンの思考

全てのビジネスパーソンに求められる、問題解決力とは

「本当は何をしたらよいか、何をすべきか分からない・・・。
それにも関わらず、とりあえず場当たり的に、何となく解決策を考え
その場をしのいでしまう。」

このようなことはないだろうか？

ビジネスや生活などの、あらゆる場面で起きる
"問題"に対して、論理的に考える"型"を持って臨む。
これが"問題解決力"だ。(「何となくの解決策」は解決策ですらない！)

そもそも常に問題に答えがあるとは限らない。
答えをすぐ求める問題ならばインターネット検索で調べればよい。

現代は過去の常識が通用しない、答えのない世界だ。
ゆえに答えのない問題に対して自らのアタマを使って答えを導く力、
"問題解決"を持った人間こそ、これからの時代大きな価値があるのだ。

日本で、そして世界で通用したいと考えるなら、まずこの問題解決力を身
に付けることから始める必要がある。

1万人が受講したプログラムを講義映像で体験！
オープンスクール5日間メール
登録無料

オープンスクール5日間メールでは、「問題解決必須スキルコース」から一部抜粋した講義映像を、登録から5日間にわたって毎朝メールでお届けいたします。プログラムの全体像を体験できるコンテンツです。

| 問題解決力トレーニングプログラム | 検索 |

お問い合わせ先・お申し込み先

ビジネス・ブレークスルー大学
オープンカレッジ
問題解決力トレーニングプログラム

〒102-0084
東京都千代田区二番町3番地 麹町スクエア2階

HP： https://www.lt-empower.com/

Tel：0120-483-818 （携帯電話からも可）

（平日 月～金 9:30～18:30）

E-mail：kon@lt-empower.com

大前研一学長 総監修 資産形成力養成講座
マネーマネジメントを極める
~82.3%が600万円以下の給与水準！右肩上がりの給与上昇が見込めないグローバル経済~

■円安・株高がもたらす、個人給与への影響

資産形成を行っていくために重要なことは何でしょうか？収入を高め、支出を削減することが大事なポイントです。
今日は今後の給与について考えていきましょう。

アベノミクスにより、円安、株高の方向へと向かっています。それにより輸出企業中心に利益が膨らんできています。
例えばアメリカで1ドルのものが売れた場合、1ドル80円のより1ドル100円の方が20円多く受け取れることになります。
同じ原価ならば、円安になっただけで20円利益が増えることになるからです。特に海外での売上の大きいトヨタは、
1円の円安で400億円の利益が増えると言われています。利益が増大する見込みで株価は上昇しました。株価が上昇して得た
利益が膨らんだことから、デパート等での高級品の販売も好調に推移しています。

さて、円安、株高は資産を持つ個人や企業にとっての恩恵です。アベノミクスにとって重要なことは、給与に反映されるかどうかです。
つまり、増えた利益の一部を賃金として分配されることが今後の経済回復を軌道に乗せるために重要だからです。そして事実、企業が
賃金を増額する動きが見えてきましたので、ある程度は上昇に向かっているものと思われます。

しかし過去の経済成長時のような成長は見込めないという意見も多くあります。経済成長を続けていた欧米では2極化が進み、格差が
広がっています。また、グローバル化により世界最適地で生産する動きが進んでいますので、利益が増大しても日本での雇用を生み出
さず、労働賃金の安い海外での生産が増えていく可能性が高いのです。グローバル化はホワイトカラーにとっても同様です。
例えばアメリカ支社のマネージャーを公募した場合、競争相手は日本人ではなく、海外の人間です。同じスペックを持つ人がいた
として、日本人だと1500万円、異なる国の人だと1000万円という場合、1000万円の人がポジションに就くケースが多いでしょう。
グローバル社会の競争の中で、給与の上昇が安定的に行われるという確実性は、高くはないのです。

■下降傾向にある勤続者の平均給与

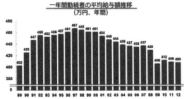

まず現状から見ていきましょう。数値は2012年までのものですが、
一年間勤労者の平均給与額は下降傾向にあります。1997年の467万円
をピークに減少し続け、2012年には408万円となっています。また
給与が下がっているだけではなく、雇用には非正規従業員の増加など、
構造的な課題も存在します。少なくとも1980年代までの日本のような、
右肩上がりの時代ではなくなっているという認識が必要です。もちろん
給与は業種によっても大きく異なるものです。1995年と2012年を比較し、
製造業はほぼ横ばいの給与水準ですが、卸小売、サービスといった分野
では20%前後下がっています。特にサービス業などは従事する労働者が
増加している分野ですので、全体平均を押し下げる要因になっています。

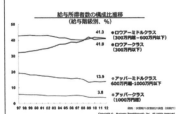

■クラス別給与・金融資産から現状を分析する

次に、給与のクラス別にみてみましょう。ロウアーミドルクラス（300万円超
-600万円以下）の給与所得者数をロウアークラス（300万円以下）が逆転
しつつあります。ロウアークラスが増えている一方、アッパーミドルクラス
（600万円超-1000万円以下）、アッパークラス（1000万円超）は減少して
きています。2012年においては、実に全体の82.3%が600万円以下です。
日本としては、グローバル経済の中で海外での販売を増やし、円安の中小企業の
利益が増加し、賃金が上昇、そこから消費が活発になり、サービス業なども
潤っていく、といったサイクルが回っていくかどうか、注視していく必要が
あるのではないでしょうか。

(・・・・続く)

現代日本の取り巻く環境や経済情勢をもとに、「資産形成」の意義と重要性を説くメールコンテンツを
無料で5日間お届けします！メールアドレスをご登録の上、ぜひ続きをご覧ください！

☞ 【登録無料・所要時間30秒】続きはWEBへ！　【bbt 資産】で検索してください！

【お問い合わせ・お申込みはこちら！講座についての詳細はサイトでご覧頂けます。】
株式会社ビジネス・ブレークスルー　資産形成力養成講座事務局
URL　：　http://www.ohmae.ac.jp/ex/asset/
電話　：　0120-344-757　e-mail　：　shisan@ohmae.ac.jp

「真のリーダー」実践養成プログラム

大前研一 総監修

再起動せよ！
日本のリーダー達！
—— 今こそ、時代が求める「真のリーダー」へ。

リーダーシップ・アクションプログラムとは

短期詰込み型のリーダー研修が主流の今、我々ビジネス・ブレークスルーは1年という時間を掛け、
リーダーシップとリーダースキルの両方を体系的に学べるプログラムを開発しました。
ビジネス・ブレークスルーにしか実現できない、【リアル】と【オンライン】をブレンディングさせた、全く新しいビジネスリーダー養成プログラムです。

■リーダーシップを学ぶ

リーダーシップ（態度）を短期間で取得することは不可能です。リーダーシップ・アクションプログラムは様々なコンテンツを様々な方法で学ぶことで行動変容につなげます。

集合研修	コーチング
4回5日間の集合研修で実践 事前学習した内容を深掘る	EQ検査・アセスメントを基に専門のコーチと行動特性を分析、開発計画作成
課題図書	**オンラインディスカッション**
古今東西のリーダー本を12冊読破 リーダーに必須の軸の重要性を促進	インプット⇒対話⇒内省のサイクルを繰り返し実践

■リーダースキルを学ぶ

いくらリーダーシップについて理解が進んでも、
スキルが伴わなければ結果を出したり、
問題解決をすることはできません。
リーダーシップ・アクションプログラムでは、
大前研一が定義したリーダーの条件を
学び実践していきます。

◆お問い合わせ・お申込み先◆
ビジネス・ブレークスルー大学 オープンカレッジ リーダーシップ・アクションプログラム 事務局
〒102-0084　東京都千代田区二番町3番地　麹町スクエア2F
Tel.0120-910-072（平日：9:30～18:00）
Email: leader-ikusei@ohmae.ac.jp
HP:http://www.ohmae.ac.jp/ex/leadership/

教育訓練給付制度の拡充により、BBT大学院「経営管理専攻」は

【最大96万円】の学費が給付されます。

※2015年1月現在。最新の情報はホームページでご確認ください。

ビジネス・ブレークスルー大学大学院

経営学研究科
経営管理専攻・グローバリゼーション専攻

本大学院のMBA教育では、変化の激しい時代に、会社に依存せずに自立して「稼ぐ力」を身につけて、あらゆる環境で生き抜くことができるサバイバル人材を育成します。

ビジネス・ブレークスルー大学大学院（MBA）の特徴

1. **大前研一が創設した、日本人のための経営大学院**
   MBAは元々欧米生まれ。異なる文化や特性などをもつ日本人には馴染まないところもございます。日本人が世界で戦っていく力をつけるためには、日本人の特性に合った日本人のための経営大学院が必要ではないか。そこで大前研一が創り上げたのが、当大学院です。

2. **MBA + α「論理思考力」「事業創造力」「問題解決力」を徹底的に育成**
   世界に比べると日本人に不足していると言われている「論理思考力」「事業創造力」「問題解決力」。しかし、これらは経営知識や語学力等を活かして世界で活躍していくためには不可欠な土台となる能力です。その能力を徹底的に鍛え、自立して「稼ぐ力」を修得できるのが、当大学院の強みです。

3. **時間・場所に依存しない、忙しい社会人でも学び続けることができる"仕組み"**
   忙しい社会人にとって、急な会議や出張・転勤は当たり前。通学だと学び続けることが難しくなることもあります。当大学院の場合は、PC、スマートフォン、タブレット端末があればいつでもどこでも自分の都合に合わせて学ぶことが可能。97％という高い継続率を誇るのも、そういった仕組みがあるからです（2010年度入学者以降）。

募集人員：春期（ 4月1日開講）経営管理専攻・グローバリゼーション専攻　１００名
　　　　　秋期（10月1日開講）経営管理専攻のみ　１００名
募集に関する詳細は本大学院ホームページで：http://www.ohmae.ac.jp
▼教育訓練給付制度についての詳細は下記ページをご参照ください。
http://www.ohmae.ac.jp/guidelines/education_training_scholarship/
お問合せ先・資料請求
ビジネス・ブレークスルー大学大学院　事務局　03-5860-5531（平日9：30-17：30)
E-mail：bbtuniv@ohmae.ac.jp

ボンド大学大学院ビジネススクール
BBTグローバルリーダーシップ MBAプログラム

働きながら、海外正式MBAを取得する。

日本のビジネスパーソンが世界と渡り合っていくために必要な力を鍛えるためのMBA

Point 1 世界と渡り合う力を磨く
カリキュラム

「世界の共通言語として知っておくべき分野」は英語で、「日本人の特性(強みなど)を踏まえて学んだ方がより力が身に付く分野」は日本語で学びます。

Point 2 チームで成果を上げる力を磨く
グループワークの重視

個の力(問題解決力など)を育成しながら、実際のプロジェクトを想定したグループワークに取り組むことで、リーダーシップ、プロジェクトマネジメント力などを鍛えます。

Point 3 修了後もお互いを磨く
多様な人的ネットワーク

現在、受講生・修了生数は1,200名に迫り、国内最大級の規模に。日本国内・海外の第一線で活躍されているビジネスパーソンがいらっしゃいます。

実際に受講生・修了生の体験談を聴くことができる説明会も開催中!

お問い合わせ

株式会社ビジネス・ブレークスルー
ボンド大学大学院 ビジネススクール
BBT グローバルリーダーシップ MBA プログラム 事務局
〒102-0084 東京都千代田区二番町 3番地 麹町スクエア 2F
【TEL】0120-386-757 (受付時間:平日9:30~17:30)

詳細はWebサイトへ!

BONDBBT 検索

http://www.bbt757.com/bond/

大前経営塾
OHMAE MANAGEMENT SCHOOL

答えのない時代を生き抜く
世界的視野
本質的思考力を伝授！

大前経営塾とは
塾長である大前研一や経営者による講義を映像で受講し、議論を通じて、
経営者としての総合的な視点、思考力、コミュニケーション力を身につけるプログラムです。

本塾の特長

1. じっくり考え、経営力を身につける優れたカリキュラム
2. 日本最高の講師陣
3. 他流試合中心の学習法　業種での徹底討議により視野狭窄を打破
4. 専用受講システム「AirCampus©」でいつでもどこでも学習可能
5. 大前塾長より直接指導あり（年に2回）

受講プロセス

AirCampus©を使ってWeb上での映像講義の視聴、書籍輪読後に議論を行います。
サイバークラスで、ファシリテーターを交えた徹底議論により思考を深めていきます。

【受講期間：1年】
毎年4月／10月開講

【特典】
- 高級リゾート型施設での集合研修への参加資格
- 経営専門チャンネルBBTchのブロードバンド視聴（1年間：20万円相当）
- プレジデント誌無料購読（1年間）　など

お申込み お問い合わせ先	㈱ビジネス・ブレークスルー「大前経営塾」事務局　TEL：03-5860-5536 E-mail：keiei@bbt757.com　URL：http://www.bbt757.com/keieijuku/ 本講座の詳しい内容は　BBT経営塾　検索

オンラインでビジネス英会話

ビジネスに特化したカリキュラムで
グローバル化社会に対応できる英語スキルを持った人材を育成します。

Curriculum
優れた英会話カリキュラム

ビジネスの現場で相手を動かす事が出来るコミュニケーション力の向上を目指します。教材は、BBT大学や実践ビジネス英語講座で培われたノウハウを総結集し、オンラインでのレッスン用に新たにカリキュラムとそれを有効化するシステムを開発しました。

Low Price
圧倒的な低価格
→ 入会金も会費も不要

既存の通学制英会話スクールと比較して約1/3の価格です。英語力の向上には話す時間を多く持つことが必須です。リーズナブルな価格で思う存分会話していただけます。
教材は無料でダウンロード可能です。

Convenience
利便性

オンラインですので、場所と時間を選ばず、会社でもご自宅でも、休日も祝日もレッスンをお受けいただけます。
予約は24時間、レッスンの10分前までウェブで受付け、毎回お好きな講師を選べます。レッスンは深夜11時30分迄と、とても便利です。

High Quality
こだわりの品質

経済区庁から先進的IT企業として認定されたフィリピン子会社のオフィスと高速通信回線を使った安定的な通信環境で経験豊富なプロ講師陣がレッスンします。もちろん、BBT本社の管理下にあるPCと通信回線でセキュリティにも配慮。また、講師数名を2週間日本に招聘し本社で研修を行いました。

Business
ビジネスコース

日常的なビジネスシーンでの
英会話を学習したい方

●ビジネスコースのトピックス(一例)
人を描写する／プレゼンを始める
プレゼンを締めくくる
同僚を紹介する／話題の転換
人を褒める／提案をする 他

Management
マネジメントコース

組織運営や経営の環境で役立つ
英語力を伸ばしたい方

●マネジメントコースの領域
部下のマネジメント／勤務評価
部門間折衝／対外交渉
緊急事態対応／専門領域
心理的葛藤

㈱BBTオンライン

〒102-0084 東京都千代田区二番町3番地　麹町スクエア　TEL:03-5860-5578　http://bbtonline.jp/

大前研一のアタッカーズ・ビジネススクール

志があるなら、起業せよ。

おかげさまで、受講生**6,000名突破！**
780社が起業、mixi、ケンコーコム、
弁護士ドットコム、クラウドワークスなど**9社上場**

起業、新規事業立上げならアタッカーズ・ビジネススクール（ABS）へ。

大前研一設立のアタッカーズ・ビジネススクールは、企画構想力からベンチャー事業立ち上げまで、あたらしいビジネスを創造する実践型ビジネススクール。
数多くの起業家を輩出し、起業支援も行っています。本気でキャリアアップや起業、社内新規事業を目指すなら、ABSへ。同じ志をもつ仲間たちと共にビジョンや夢を実現させましょう。

◆ アタッカーズ・ビジネススクールの特徴

①同じ志をもった起業仲間ができる
②極めて実践的な講義。明日からのビジネスに役立つ
③魅力的な一流講師陣による講義

◆ 選べる学習スタイル

本科
東京の四ツ谷に通学していただくクラス

通信科
本科の講義映像を視聴する通信クラス
（視聴のみ）

Eラーニング
eラーニング専用の講義を
視聴し、オンラインで課題の
提出や、ディスカッションを
していただくクラス

アタッカーズ・ビジネススクール事務局
〒東京都千代田区六番町1-7 ohmae@workビル
Email: abs@bbt757.com

講座の最新情報はWEBへ！
アタッカーズ・ビジネススクール

◎編著者プロフィール

大前研一（おおまえ けんいち）

1943年、北九州市生まれ。早稲田大学理工学部卒業。東京工業大学大学院で修士号、マサチューセッツ工科大学大学院で博士号を取得。経営コンサルティング会社マッキンゼー＆カンパニー日本支社長、本社ディレクター、アジア太平洋会長等を歴任。94年退社。96〜97年スタンフォード大学客員教授。97年にカリフォルニア大学ロサンゼルス校（UCLA）大学院公共政策学部教授に就任。

現在、株式会社ビジネス・ブレークスルー代表取締役社長。オーストラリアのボンド大学の評議員（Trustee）兼教授。

また、起業家育成の第一人者として、2005年4月にビジネス・ブレークスルー大学院大学を設立、学長に就任。02年9月に中国遼寧省および天津市の経済顧問に、また2010年には重慶の経済顧問に就任。04年3月、韓国・梨花大学国際大学院名誉教授に就任。『新・国富論』『平成維新』『新・大前研一レポート』等の著作で一貫して日本の改革を訴え続ける。

『洞察力の原点』（日経BP社）、『日本復興計画』（文藝春秋）、『「一生食べていける力」がつく大前家の子育て』（PHP研究所）、『稼ぐ力』『大前研一の今日から使える英語（監修）』（小学館）、『日本の論点2015〜16』（プレジデント社）など著書多数。

企画・編集	小林豊司（大前研一通信・AJIS）／宇野令一郎（AJIS,JCQ,BBT大学）／柴田巌（AJIS代表）／伊藤泰史（BBT大学副学長・BBT大学大学院）／石渡論（BBT大学）／大内勇輝・近内健晃（BOND-BBT MBA）／窪田悠（問題解決力トレーニングプログラム）／白崎雄吾（リーダーシップ・アクションプログラム）／加藤寛（資産形成力養成講座）
ブックデザイン	霜崎穂奈美
本文デザイン・DTP	小堀英一
DVD制作	石川将嗣
出版協力	馬場隆介／大枝章吾／林幹久／水谷隆一／宇佐美義秀／原秀文／塚原倫／板倉平一／筒井良子／袴田久美子／峯岸高之／神戸勇希香／山田奈美子／森本彩子
執筆・寄稿	坪谷ニュウエル郁子／ケビン・ペイジ／ケン・セル／前田郁代／宇田左近

グローバルに通用する異能を開花する
大前研一通信・特別保存版 Part. VIII

2015年2月13日　初版第1刷発行

編著者　大前 研一／ビジネス・ブレークスルー出版事務局

発行者　株式会社ビジネス・ブレークスルー
発行所　ビジネス・ブレークスルー出版
　　　　東京都千代田区二番町3番地
　　　　　　麹町スクエア2F（〒102-0084）
　　　　TEL 03-5860-5535　FAX 03-3265-1381

発売所　日販アイ・ピー・エス株式会社
　　　　東京都文京区湯島1-3-4（〒113-0034）
　　　　TEL 03-5802-1859　FAX 03-5802-1891

印刷・製本所　株式会社シナノ

© Kenichi Ohmae　2015　printed in Japan
ISBN978-4-9902118-6-8